U0623451

中学历史教学的中华优秀传统文化教育实践案例

罗　晖　吴浩亮　蔡景贤 ＼主　编

冯威娜 ＼副主编

吉林文史出版社

图书在版编目（CIP）数据

中学历史教学的中华优秀传统文化教育实践案例 /
蔡景贤主编. — 长春：吉林文史出版社，2020.6

ISBN 978-7-5472-6915-2

Ⅰ.①中… Ⅱ.①蔡… Ⅲ.①中学历史课—教学研究
Ⅳ.①G633.512

中国版本图书馆CIP数据核字（2020）第085154号

中学历史教学的中华优秀传统文化教育实践案例
ZHONGXUE LISHI JIAOXUE DE ZHONGHUA YOUXIU CHUANTONG WENHUA JIAOYU SHIJIAN ANLI

著　作　者：蔡景贤
责任编辑：吕　莹
封面设计：姜　龙
出版发行：吉林文史出版社有限责任公司
电　　话：0431-81629369
地　　址：长春市福祉大路5788号
邮　　编：130117
网　　址：www.jlws.com.cn
印　　刷：北京虎彩文化传播有限公司
开　　本：170mm×240mm　1/16
印　　张：12　　　　　字　数：216千字
印　　次：2022年6月第1版　2022年6月第1次印刷
书　　号：ISBN 978-7-5472-6915-2
定　　价：45.00元

编 委 会

序言

擎优秀传统文化大旗　扬新时代精神

　　童蒙养正，少年养志。中学阶段正是优秀传统文化教育的最佳时机。眼前的这本书，出发点就是想利用中学历史教育的特殊平台解决青少年成长中的疑惑，其中蕴含了历史教师的责任感和使命感。

　　习近平总书记强调，要深入挖掘和阐发中华优秀传统文化的时代价值，使中华优秀传统文化成为涵养社会主义核心价值观的重要源泉。那么，优秀传统文化真的能与当代社会主义核心价值观牵手吗？答案是肯定的。比如，"天人合一"就包含了许多人与自然和谐相处的道理。还有"仁者爱人、以民为本、浩然正气、尚诚守信、刚健有为"等，从其含义中都可以看到社会主义核心价值观。"尚文使人明理，尚学使人睿智。尚勤使人节俭，尚诚使人守信。尚礼使人和蔼，尚仁使人亲善。尚义使人正气，尚贞使人重节。尚进使人谦虚，尚德使人崇高。"春风习习，秋水盈盈，古今之间，一脉相通。浩如烟海的文明成就、灿若繁星的优秀人物，让我们更加敬畏历史，深切感受习近平总书记所说的"祖国是人民最坚实的依靠，英雄是民族最闪亮的坐标"。近期，中央广播电视台播出特别节目《平"语"近人——习近平总书记用典》，以"一枝一叶总关情""治国有常民为本""国无德不兴""国之本在家""报得三春晖""只留清气满乾坤""绝知此事要躬行""腹有诗书气自华""恶竹应须斩万竿""天下之治在人才""咬定青山不放松""天下为公行大道"等古代典籍和经典名句为切入点，生动阐释了习近平新时代中国特色社会主义

1

思想。

传统与现实就是这样阴阳相和、不可分割。纵观历史，我们会发现传统儒学因其积极入世、心怀天下的抱负和与时俱进、自我完善的品性，每一次与国家携手都会带来一派繁荣昌盛。"新儒学"的诞生成就了西汉一朝的伟业；儒道佛"三教合一"为盛唐风范奠定了基础；理学、心学已经是思辨性哲学，使传统文化步入巅峰境界。现在，儒学汲取了许多西方价值观中的合理成分，重新走向复兴，犹如磅礴日出，光芒万丈。2014年，习近平总书记在视察北大时指出，中华文明数千年，有其独特的价值体系。中华优秀传统文化已经成为中华民族的基因，植根在中国人内心，潜移默化地影响着中国人的思想方式和行为方式。今天，我们弘扬社会主义核心价值观，必须从中汲取丰富营养，否则就不会有生命力和影响力。

举目四望，世界上所有的国家和民族都懂得细心呵护自己的文明和英雄，不容篡改，更不能亵渎。不管外面多么喧闹，有件事情是不容置疑的：历史与文化是国家社会的血脉，是一个民族凝聚力和向心力的精神纽带，是子孙后代自豪自强的信心源泉。几千年来，我们一直吸吮中华传统文化丰润甜美的乳汁，像婴儿一样安逸地在母亲温暖的怀抱中茁壮成长。传统文化源远流长，生生不息。一代代中国人从前辈手中接过经史子集，从扉页开始，贪婪地阅读、批判和继承，爱不释手，传不习乎，然后在蔚为壮观的遗产宝库中构建精神家园。国学大师钱穆先生动情地颂扬中国历史何其璀璨绚丽："如一树繁花，由生根发脉而老干直上，虽枝叶扶疏，而群花烂漫。"国学泰斗章太炎先生也赞叹不已，中华文明几千年绵延持续，正是靠"国史持之耳"。习近平总书记也多次强调，"中华优秀传统文化是我们最深厚的文化软实力，也是中国特色社会主义植根的文化沃土。""中华优秀传统文化中很多思想理念和道德规范，不论过去还是现在，都有其永不褪色的价值。"根之所系，魂之所牵，面对文明精魄、传统瑰宝，我们怎能不饱含热泪，怎能冷落无情？

作为中学历史教师，我们编撰此书，是在优秀传统文化坚实的基石上着眼于以下问题：教给学生什么？怎么教才好？传统元素的清晰符号有哪些？学生能脑洞大开地有效接纳吗？如何根据各个学校的实际情况就地取材？如何从古老传统中寻觅希望、信心、智慧这些"文化软实力"？如何让学生既能在继承中"内化"又能在创造中"外现"，等等。

本书作者均是学校的管理者或一线教师，大家不仅精心组织教学，及时反思成文，还要指导学生社会调查、旅行研学。有的学校开展"校园文化展示季"活动，在文化的花圃里，传统元素与现代文明成功对接，古月新辉，光彩熠熠。还有不少教师引导学生利用寒暑假或传统节日，研究民居民俗、家书族谱、遗址遗迹，或收集民间掌故、人物故事，或撰写论文、调查报告。还有人多次组织井冈山之行，让学生重走革命之路，传承红色基因，重新诠释革命传统教育。总之，这本书饱含他们的辛勤汗水和智慧结晶。

确实，教师的勤勉令人感动，工作的意义有目共睹。教师怀揣拳拳之心，凭借满腔热情，但在理论水平和研究层次上还有点捉襟见肘。幸而，我们撰书的本意并不在此，我们只是想让人们从混沌懵懂的饕餮大餐中回归自然、回归本真，重新品尝优秀传统文化丰富而营养的青蔬瓜果和五谷粗粮。必须说明的是，我们坚持优秀的传统教育，但也乐意接纳先进的理念和深邃的哲理。我们从来不抗拒先进的东西，只是做了我们认为应该做的事情。本书仓促而成，遗憾和错误在所难免。

蔡景贤

2018年10月30日

上篇　理 念

中篇　实 践

下篇 学生作品

上篇 理念

如何在中学历史教学中加强中华优秀传统
文化的立德教育

陈 蕾

习近平总书记在多个场合对中华优秀传统文化做了深刻阐发，对中华优秀传统文化与现代化建设关系的研究、增强文化自信、建设社会主义文化强国、促进国家治理能力现代化均具有十分重大的指导价值。中学历史教学中加强优秀传统文化教育，有利于培养和践行社会主义核心价值观，实现立德树人的根本任务。为此，广大教师应肩负起传承文明、开拓创新的重任，通过加强优秀传统文化教育，对学生进行人文素养的培养，塑造其独立人格，形成良好品质。具体做法如下：

一、听

听是学生接受知识的主要手段之一，可以利用讲座、报告会等方式宣传中华优秀传统文化，让学生在听中学、在听中想、在听中悟。例如，我们邀请著名画家郭喜忠老师到校园进行关于中国优秀传统文化的讲座，通过"观漫画说民俗，传承本土优秀传统文化"，加强中华优秀传统文化教育，引导学生更加全面准确地认识中华民族的历史传统、文化积淀、基本国情，认清中国特色社会主义的历史必然性，坚定不移地走中国特色社会主义道路，实现中华民族伟大复兴中国梦的理想信念，具有重大而深远的历史意义。同时，在历史课堂上也注重传授优秀传统文化里中国人怎么看待世界、看待生命，以及中国人的世界观、人生观、价值观。中华优秀传统文化有着非常丰富的资源，对以上内容也阐述得很系统。我们只有把这些东西继承下来，在教育过程中让学生了解、继承，他们的人生才不会发生方向上的偏离。"仁、义、礼、智、信"的五常之道是做人起码的道德准则，此为伦理原则。从优秀传统文化中汲取怎么做人、怎么做事、怎么待人接物、怎么调整行为方式，对于当今社会处理人与人之间的关系、构建和谐社会、培养学生的优秀品德意义重大。传统文化和美德是一个国家和民族的灵魂，对于丰富人的精神生活、提高人的综合素质、促进人的全面发展、形成良好的社会风尚具有不可替代的作用。

二、说

只听不说没有效果。在耳濡目染的前提下，课前3分钟演讲非常必要。每节历史课前指定一名学生分享一则历史典故，在分享中有交流，在交流中有成长。有学生分享了《宋史·杨时传》中"程门立雪"的故事：

> 杨时字中立，南剑将乐人。幼颖异，能属文，稍长，潜心经史。熙宁九年，中进士第。时河南程颢与弟颐讲孔、孟绝学于熙、丰之际，河、洛之士翕然师之。时调官不赴，以师礼见颢于颍昌，相得甚欢。其归也，颢目送之曰："吾道南矣。"四年而颢死，时闻之，设位哭寝门，而以书赴告同学者。至是，又见程颐于洛，时盖年四十矣。一日见颐，颐偶瞑坐，时与游酢侍立不去，颐既觉，则门外雪深一尺矣。德望日重，四方之士不远千里从之游，号曰龟山先生。

听完这则小故事，学生反响很大，他们为杨时等人尊敬师长的精神所折服。尊师才能重教，这恰恰是当代学生所欠缺的一种精神。每个孩子来到这个世间都是一张白纸，教师如何勾画，他就会成为怎样的图画。如果我们在平时的授课中多些正能量的引导，通过那些脍炙人口的历史故事告诉、教会他们如何尊师重教，相信学生都能讲文明、懂礼貌。

所以，开展优秀传统文化教育既是实现历史教学文化价值的着力点，也是实现教育根本立德树人的途径。通过"每日一分享"，让学生懂得"一日为师，终身为父"的深刻含义，这被古人奉为至理名言的佳话应代代流传。

三、读

读一本好书仿佛和一个高尚的人谈话。中华五千年的悠久历史，留给后人许多宝贵的财富。让学生从中华优秀传统文化中汲取营养，成为国之栋梁。例如，我推荐学生阅读十三经之一的《孝经》。孟子说："孝子之至，莫大乎尊亲。"百善孝为先，孝是德之根本。教育一定要从孝开始教，德行才能发展起来。

根据相关书籍记载，早在3000多年前，殷商甲骨卜辞上就已经出现了"孝"字。当时的"孝"字非常形象，宛若一个少年扶着一个老人，活画出了"事父母为孝"的内涵。在我国长达几千年的历史长河里，孝文化是中华优秀传统文化的重要组成部分，"孝道"已然成为中华民族传统文化之精髓，是千百年来中国社会维系家庭关系的道德准则。父慈子孝，兄弟和睦，更关乎整个社会的稳定。我们在历史课堂上让学生多读点"孟宗哭竹生笋""吴猛恣蚊饱血""王祥卧冰求鲤"之类的孝道故事，从而达到感动学生、影响学生、教育学生的目的，让学生在中华优秀传统文化中学会立德。

四、写

叶圣陶曾经说："阅读是吸收，写作是倾吐。倾吐能否合于法度，显然与吸收有密切关系。"在强调读的重要性之后，写也是至关重要的。我们要让学生把平时在课堂上听的、说的、读的中华优秀传统文化中的精华诉诸笔端，写出自己的感悟和心得。

例如，学过岳麓版历史必修三第一单元中国古代思想《孔子》一课后，我让学生写"孔子思想之我见"的小论文，一方面让他们甄别孔子思想中积极和消极的内容，另一方面让学生通过孔子的主张懂得如何为人、如何立德，让学生从中体验和感悟中国传统主流思想对人的成长和对我国社会发展的全面深刻影响，从而掌握知识、升华思想，培养理想人格。孔子思想中"仁者爱人""为政以德"的思想对学生优良品德的形成有促进作用；"己所不欲，勿施于人"引导学生从小就懂得换位思考，做事情多考虑他人感受；正确分析孔子"克己复礼"的主张，引导学生平等待人，学会尊重。通过这些习作，使学生在历史课堂上收获人生感悟，将中华优秀传统文化的精华和价值展示出来，帮助学生树立优良品德。

2016年11月30日，习近平总书记在中国文联十大、中国作协九大开幕式上指出："祖国是人民最坚实的依靠，英雄是民族最闪亮的坐标。"中华民族敬英雄、爱英雄，炎黄子孙英雄辈出；中华大地育英雄、造英雄，华夏儿女英雄接续。英雄的故事在中华民族历史传承，在祖国的山川中回荡；英雄的精神始终在我们血液中流淌，在征程中传递。从风波亭点点残阳里的"精忠报国"，到伶仃洋瑟瑟秋风中的"一片丹心"；从民族危难时的挺身而出，到革命时期的舍身赴难，再到建设年代的筚路蓝缕，英雄们用自己的传奇履历不断续写中华民族的奋进华章。习近平总书记指出："近代以来，一切为中华民族独立和解放而牺牲的人们，一切为中华民族摆脱外来殖民统治和侵略而英勇斗争的人们，一切为中华民族掌握自己命运、开创国家发展新路的人们，都是民族英雄，都是国家荣光。中国人民将永远铭记他们建立的不朽功勋！"

通过历史课堂上对英雄人物事迹的学习，让学生撰写历史英雄人物评说。学生通过抒发情感，在英雄身上学会担当、学会责任，从而为中国之崛起而努力读书！

中华优秀传统文化博大精深，中国要成为创新型国家，离不开文化创新。文化创新离不开对中华优秀传统文化的吸收和重建，吸收的过程就是文化传承的过程。我相信，历史课堂教学，不仅是完成传承的任务，更重要的是育人，为中国梦培养"德才兼备"的接班人。

参考文献

［1］侯秀平. 在中学历史教学中加强中国优秀传统文化教育的几点思考［J］. 教书育人，2014（18）.

［2］章涵云. 中华优秀传统文化在历史教学中的渗透［J］. 现代教学，2017（19）.

上篇

理念

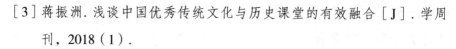

［3］蒋振洲.浅谈中国优秀传统文化与历史课堂的有效融合［J］.学周刊，2018（1）.

［4］脱脱.宋史［M］.北京：中华书局，1985.

［5］邢昺疏.孝经［M］.上海：上海古籍出版社，2010.

传统文化经典阅读能让学生在初中阶段的历史学习中更自信

陈学娟

钱穆先生在《民族与文化》一书中曾这样评价中国与欧洲文化："中国史如一树繁花，由生根发脉而老干直上，而枝叶扶疏，而群花烂漫；欧洲史则如一幅百纳刺绣，一块块地拼缀，再在上面绣出各种花草虫鱼。历史如是，文化亦然。中国文化重在其内部生命力之一气贯通。欧洲文化则由多方面组织而成，虽曰取精用宏，终是拼凑堆垛。"钱穆先生认为中华民族有"坚韧性"和"融合性"两大特性，中华民族传统文化有不可估量之化合力，举世无与伦比，较之世界任何民族，我们都应当有足够的文化自信。

一、传统文化经典阅读是初中历史教学中的现实需要

"文化自信"的建设方向，我认为首先应当是基础教育领域，在初中阶段历史教学中渗透传统文化，逐步让学生树立对中华民族传统文化的自信是急迫的。由教育部组织、齐世荣先生总主编的义务教育阶段初中历史教科书，在我市自2016年9月启用至今。结合过去八年在深圳初中阶段的历史教学体会，我认为这套部编版历史教材有两大突出特点：一是更显历史学科的专业深度，书中的历史观点更前沿，文字表述更严谨，历史素材选取更丰富且阅读性强；二是更有时代性，这套部编版教材给师生们提出了新的挑战，教师提升历史专业素养，多读书、读经典很有必要，学生也是如此。目前，我国中小学基础教

育中，初中阶段七年级学生首次接触历史这一学科，零基础的他们在历史学习中阅读传统文化经典很有意义，也只有如此才能在历史学习中走得长远，更有自信。

二、如何在初中历史教学中实践传统文化经典阅读

初中阶段的历史教学中适合阅读哪些经典？用什么样的方式读？我一直很困惑。一方面，在目前的教学环境中，历史课时紧张，要保持在正常的教学进度就得争分夺秒地利用有限的课堂时间。学生学业负担沉重，作业与课外兴趣班已将他们有限的时间几乎全部瓜分，学生不堪重负，阅读时间从哪里来？另一方面，历史经典浩如烟海，哪些书适合初中阶段的学生阅读？哪些书可以搬到课堂上一起分享并对教学有益？

1. 挖掘适合中学生阅读的传统经典书籍

语文教学中重视阅读已久，全国上下每个学习阶段都有明确的阅读书目，有必读书目，还有选读书目，而且专设了阅读课，从小学到中学，有计划、有步骤地提升学生的阅读水平，这无疑是对语文课堂教学的极大补充，对于语文教学有重要意义。但是，同样性质的历史学科，在阅读方面我们却几乎没有重视过。如果有适当的阅读为基础，我想在历史教学中师生都会轻松很多，对历史学科的学习也能更深入，达到更高的层次和境界。也只有在这样的熏陶下，中华传统文化之精华才能通过历史教学在子孙后代中传承发扬。所以，我们应当学习语文学科好的经验，若能如语文一样有清晰的阅读书目清单，由国内权威历史专家或有经验的中学历史教师推荐，找出适合小学至初中各阶段学生阅读的经典好书，则努力的方向能更明确，更有操作性。例如，纪连海先生曾在深圳讲座《我的教书生涯》时推荐中学生阅读柏杨翻译版《资治通鉴》。《资治通鉴》本身就是传统经典历史书籍，柏杨本人也是大家，这套书还配有大量的漫画，非常适合中学生阅读。

2. 师生协作努力，从课堂内外形式多样地实践

在教学中如何组织学生阅读？用什么方式阅读？一方面，教师应当努力钻研教材，精心备课，在自身广泛阅读的基础上将传统经典在备课的过程中

制作成学案，或通过课件制作、多媒体动画和视频等媒介，灵活多样地融入课堂，带领学生走出教材的局限，拓宽知识面，接受传统文化的熏陶。另一方面，学生可以选择在假期或者周末等空闲时间进行自由阅读，或跟随教师的脚步在课堂上有限阅读，还可以在活动中将思想成果或感悟通过手抄报、思维导图等形式呈现出来，升华历史学习。

中华民族不仅创造了自己的文化，绵延几千年，而且中国文化又再创造了中国人，一代代生生不息。全世界更没有任何民族、任何文化可以与之相比。中华民族传统文化只有代代传承才能屹立东方，长久不衰。读万卷书，行万里路。传统文化经典若与历史课堂完美地结合，摸索出一条可行之路，则基础教育阶段初中历史学科不仅能更好地培养学生的核心素养，在历史学习中轻松自信前行，而且能在中华民族伟大复兴、继续"文化自信"的使命中发挥重要作用。

参考文献

钱穆.民族与文化［M］.北京：九州出版社，2012.

优秀传统文化在历史学科活动中的渗透

陈 育

中华优秀传统文化是中华民族文化延续的血脉，是中华文化精髓的集结，必须进行大力传承。在历史教学中，应该肩负起继承、弘扬、创新中华优秀传统文化的重担，通过开展学科特色主题活动，发挥传统文化在社会主义核心价值观的建设性作用，将中华优秀传统文化的复兴融入社会主义和谐社会的构建中来。加强中华优秀传统文化在历史学科活动中的渗透和融合，能够在很大程度上促进当代学生对中华优秀传统文化的传承。

一、历史学科活动中渗透优秀传统文化的重要性

将中华优秀传统文化融入历史学科活动中，能够普及到每个班级、每个学生身上，充分发挥学生的特长优势，通过写作、表演、情景模拟等丰富多样的形式，发挥学生的主观能动性，充分调动学生学习的积极性，培养其独立思考的能力。还有以下作用：

1. 增强学生对中华优秀传统文化的认同感

爱国教育是从小就进行培养的一种教育理念，不仅仅停留在口头说说而已，而是发自内心对祖国大好河山和灿烂文化的深深认同感。在历史课堂中，对于中华民族基本精神要重点解析，并且解析透彻，如百家争鸣的意义。一方面着眼于当时来说是思想解放，从多方面促进了学术文化和社会发展，尤其是儒家思想孕育了中华传统文化中的政治思想和道德准则（礼）；道家学说构成

了2000多年传统思想的哲学基础；法家思想中变革成为历代改革图治的理论武器。另一方面要着眼于对后世的文化传承，诸子百家共同构造了中华民族传统文化的基本精神。通过深入剖析，丰富了学生的民族文化知识，激发了学生的爱国精神，增强了对中华传统优秀文化的认同感。

2. 完善学生的基础理论知识

通过特色历史学科活动，能够让学生更加生动、形象地理解课本知识，不仅能让知识从课堂走入学生的课余生活中，更能不断巩固、复习、融合多学科的知识，让学生及时进行查漏补缺。扎实稳固的基础理论知识能够让学生更加深刻地理解中华优秀传统文化，提高学生的人文素养，真正将优秀传统文化融入学生的学习和生活中。

3. 有利于对传统文化的继承和创新

通过特色历史学科活动，有利于学生对优秀传统文化的理解和认同，从而将中华优秀传统文化发扬光大。例如，端午节时，可由爱国者屈原延伸到端午节，再由端午节延伸到节日习俗，如划龙舟、吃粽子等。深入挖掘中国传统节日文化的教育内涵是对传统文化的继承，并与时下的科技进行融合，以达到创新型发展及思想文化传承，通过时下传播力度大、范围广、实效性强的新媒体技术大力宣传中华优秀传统文化，如微博、微信公众号等。构建和谐社会受到中国古代儒家"仁""礼"等思想文化的影响，以法治国受到韩非子"法"的思想影响，这些都是对传统文化的继承与发扬。

二、加强历史学科活动中优秀传统文化的渗透

在优秀传统文化传承中，学生是继承和弘扬中华优秀传统文化的主体，是推动民族文化传承和创新、建设中国特色社会主义社会的重要力量。在学生的学习过程中，应该以传承人类文明为重点，开展中华优秀传统文化教育活动。历史教师可以根据学生的实际情况，在课堂活动中进行有目标、有规划的课程教育，在课外活动中通过以传统文化为主题的校园文化活动进行传统文化的宣传与渗透。

1. 明确课程目标

首先应当明确课程目标。"在《初级中学历史课程纲要》中，国家清晰地提出了传统文化教育的目标，即构建中华优秀传统文化继承体系，推动文化传承方式创新，培养和践行社会主义核心价值观，有力落实立德树人的根本任务。"这个目标对基础教育课程目标做了进一步的拓展和延伸，是对其进一步的补充和细化，这就提出了到底要培养什么样的学生的问题。新基础教育课程改革需要培养的是"知识人""道德人""实践者"，更要培养"文化人"。"文化人"就是要扎根历史文化、传承优秀文化、认可民族身份的人。这些都需要在进行基础教育的同时渗入优秀传统文化的教育，将优秀传统文化、传统美德、民族精神与核心价值观中的"爱国、敬业、诚信、友善、文明、和谐"进行有效的融合，将传统美德与价值观念传递给学生。

2. 历史课堂活动中弘扬优秀传统文化

中华优秀传统文化自身具有多样性、广博性和相对模糊性的特点，应当借助有效的课程形态，使之有效地融合到学科活动中。常见的课程形态有专门课程，即历史课本的特定章节可以整合成传统文化的主题课，如岳麓版高中历史文化史第二单元《中国古代文艺长廊》可以整合成图说历史、笔墨中华（书画）、诗歌中华（诗歌与小说）、戏曲中华等主题课程。古代诗歌本来就是用来歌唱的歌词，诗歌中华可以通过还原古韵诗歌的谱曲，以现场听和教学生演唱五言绝句、七言律诗等形式来体现。校本课程也是一种课程形态，如开设剪纸课、手工课等，通过更加深入的学习感受传统手工艺人的心灵手巧和聪颖智慧。此外，还应通过一些隐性的课程形态渗透优秀的传统文化，如通过校园墙体的墙绘和装饰、校园传统文化氛围的塑造等渲染校园的传统文化气息。这些具有现场实效的实施优秀传统文化教育的方式，可以根据实际情况进行选择性的重组课程形态，提高优秀传统文化的教育效果。

课堂中通过丰富的形式呈现传统文化，进行课程资源开发是决定传统文化教育实施效果的关键性环节。优秀传统文化不仅依托典籍史料，还存在于民间艺人、网络世界、国家非物质文化遗产中，以及人们世代相传的生活习惯和节日习惯中。教师必须要对这些课程资源进行选择和加工，并利用合适的方式呈现出来。在课程学习中，可以参考一些教育资源栏目的方式，如讲解诸子百家，可以采用观看教学视频《百家讲坛》，使学生通过其他渠道获取对知识的认知。又如，在讲述儒家思想的时候，儒家学说核心为"仁"，通过与同时西方"人文主义"、苏格拉底的思想和中国当下"以人为本"的思想进行对比，解释中华传统优秀文化对后世的深远影响。

3. 课外主题活动中渗透优秀传统文化

课外主题活动体现传统文化，不拘泥于课堂，是非常好的渗透和体会优秀传统文化的方式，但需要组织比较大的人力、物力、精力等。一方面，可以利用传统节日组织相应的主题活动。比如，中秋节前后，学校可以利用下午第二节课的时间，组织全校性的中秋灯会，通过猜灯谜、诗歌朗诵、月饼制作、书写与"月"相关的诗歌等形式，利用社会资源进行整体布置和装饰，体现中秋月圆人团圆，寄托家国情怀的传统文化情感。另一方面，剪纸艺术、中国画、扇子舞、传统美食等传统文化可以通过参观博物馆等形式进行。比如，深圳博物馆专设了"民俗文化"主题展馆，就是了解本土民俗文化很好的窗口。同时，也可以采用比赛的形式，如组织剪纸大赛，邀请民俗艺术师进行优秀作品的评选。通过多样性的主题活动，将优秀传统文化内涵融入具体的课外活动中，寓教于乐，大大调动学生的学习兴趣，使得学生自觉继承和弘扬优秀传统文化。此外，还可以结合学生年度性的大型活动，设置传统文化的主题，在各个环节和区域体现传统文化的内容，营造良好的氛围。在深圳市宝安中学（集团）高中部，每年五四前后都有盛大的校园文化展示季活动。2017年，以"锦绣中华，青春宝中"为主题，在活动组织和设计上融入了更多弘扬传统文化、展现中华文化自信的活动。活动内容丰富多样，以"舞榭歌台溢彩中华"社团舞台展演为中心，容纳了"爱我中华公益宝中"慈善区、"琳琅满目"缤纷格、"活色生香"中华美食街、"阳春白雪"青春诗会、"春华秋实"文化长廊和"返璞归真"游戏区等七大区域。"舞榭歌台溢彩中华"社团舞台展演可谓是高潮迭起、异彩纷呈，有刚刚获得市嘻哈街舞大赛季军的街舞社、功底深厚英姿飒爽的神武社、横空出世身手不凡的跑酷社、古风古韵婉转流畅的民乐团、字正腔圆铿锵有力的历史剧社、幽默风趣技艺非凡的手工社、古典舞蹈团的《金蛇狂舞》等，让大家现场感受到一场传统文化的盛宴，同时也心生"中华文化后继有人"的感慨！"琳琅满目"缤纷格与"活色生香"中华美食街体现了传统文化的各类产品、刺激味蕾的各地特色小吃，让人流连忘返，也让摊主们应接不暇；"返璞归真"游戏区成了学生的乐园，大朋友和小朋友们终于有了机会无拘无束地撒丫子跑开，滚铁环、打陀螺，感受童真的愉悦；"阳春白雪"青春诗会迎来了众多学生的飞花令挑战，一位初三已保送宝中的女生轮战15场，连高中的学长都甘拜下风。好热闹的一番景象啊！据统计，当天客流量超过6000人次，微信公众号浏览超过20000人次，众多市民朋友、学生家长等携亲朋好友慕名而来，共赴一场生活与艺术的盛宴。

三、结束语

学生活动是学生学习生活中重要的组成部分，丰富多彩的课堂活动和课外实践活动能够促进学生文化素养和精神素养的提高。"学生特色活动作为校园文化建设的一部分，无疑是传承中华优秀传统文化的重要载体。"中华优秀传统文化作为中国特色社会主义的重要组成部分，其重要性不言而喻。因此，将中华优秀传统文化渗透到历史学科活动中具有重大意义。

参考文献

［1］刘存杰. 让历史课的人文色彩浓起来——谈优秀传统文化融入历史教学之艺术［J］. 吉林教育，2017（25）.

［2］龙宝新. 在课程中渗透优秀传统文化教育的思考［J］. 新课程研究，2015（1）：71-74.

［3］刘娜，李德宁. 中华优秀传统文化领域下学生特色活动的现状研究［J］. 文学教育（上），2018（5）.

品读家书，传承中华优秀传统文化

——基于核心素养下的家书品读

冯威娜

习近平总书记多次强调："中华优秀传统文化是我们最深厚的文化软实力，也是中国特色社会主义植根的文化沃土。""中华优秀传统文化中很多思想理念和道德规范，不论过去还是现在，都有其永不褪色的价值。""中国传统文化博大精深，学习和掌握其中的各种思想精华，对树立正确的世界观、人生观、价值观很有益处。"

结合学生的年龄特点、学科特征和课程内容，落实习近平新时代中国特色社会主义思想，有机融入社会主义核心价值观，以及中华优秀传统文化、革命文化、社会主义先进文化等教育内容，努力呈现经济、政治、文化、社会、生态等发展领域的新成就，培养学生的社会责任感、创新精神、实践能力等。

家书是传统文化的重要载体，在传承中华传统文化、促进社会和谐发展等方面有其独特的价值。品读家书，可以看到中华上下五千年的历史人物中有"先天下之忧而忧，后天下之乐而乐"的政治抱负；"位卑未敢忘忧国""苟利国家生死以，岂因祸福避趋之"的报国情怀；"富贵不能淫，贫贱不能移，威武不能屈"的浩然正气；"人生自古谁无死，留取丹心照汗青""鞠躬尽瘁，死而后已"的献身精神。

家书文化在中国延续了两千多年，历代传承，不断积累和升华，是一种独特的文化。比如，《颜氏家训》《朱子家训》《曾国藩家训》《傅雷家书》

等优秀的家书文化作品。传统家书重视爱国思想的灌输，普遍传播重义轻利的道德情操。同时，敬重父母、友爱兄长、长幼有序、和睦相处等重要行为规范在家书中比比皆是。提倡节俭、清白传家、谦和忍让、加强涵养也是传统家书中倡导的优良品质。但在现实生活中，纸质书信早已淡出人们的视野。现今很多高中生，大部分靠网络进行交流，对家书很陌生。基于核心素养下的家书品读能够深入挖掘中学历史教材中涉及重要历史人物的家书素材，将家书品读融入高中历史课堂中，通过一封封的家书品读，既贯彻历史学科的核心素养指向，又能传承家族文化的精华，培养学生的家国情怀，把优秀传统文化和民族精神继承和发扬下去。因此，家书品读对优秀传统文化的传承具有很大的优势。

在高中历史教学中，可以深入挖掘历史教材中涉及的重要历史人物的家书素材，为教学所服务。比如，明清是古代家书发展的高峰期，郑板桥、纪晓岚、林则徐、左宗棠、张之洞、曾国藩等人的家书流传最广。又如，近现代许多革命家和文人都写有大量家书。这些家书都可以结合实际的历史课堂教学进行资源整合，通过品读重要历史人物的家书，从而渗透中华优秀传统文化教育。

一、品读经典家书，渗透传统美德教育

中华民族的传统美德源远流长，深深植根于悠悠五千年的历史沃土。中国是礼仪之邦，中华民族传统美德内容丰富，忠心报国的爱国主义情操、天下为公的爱国奉献精神、勤劳俭朴的艰苦奋斗精神、不畏强暴的自强不息精神等道德内容在历史教科书中都可找到鲜活的事例。在传统美德教育方面，历史学科有其得天独厚的优势。

在近代史学习中，概述晚清时期中国人民反抗外来侵略的斗争事迹时，其中涉及晚清的一些重要名臣。比如，曾国藩在清道光二十年至同治十年前后撰写的致祖父母、父母、叔父母、诸弟、妻子及儿辈的家信，小到家庭生计，大到治国带兵，涵盖修身、为官、处世、教子、养生等方方面面，涉及的内容极为广泛。进行历史课堂教学时，可以从晚清曾国藩的家书中选取部分经典名

句语录进行品读。通过多则家书史料互证，向学生展示曾国藩在家书里提倡的传统美德。

二、品读革命家书，弘扬革命传统教育

"忘记过去就意味着背叛。"中国近代史是一部侵略史，也是一部抗争史和探索史。各阶层的爱国志士自觉地承担起挽救中华民族、捍卫国家独立的重任，不惜抛头颅、洒热血。在中学历史教学中，循着中国近代史的发展，渗透革命传统教育，使学生了解中国人民反对外来侵略和压迫、反抗腐朽统治、争取民族独立和解放、前赴后继、浴血奋战的精神，使学生知道今天的幸福生活来之不易。

比如，在中国近代史《辛亥革命》的学习中，可以节选革命烈士林觉民《与妻书》中的部分内容，让学生基于核心素养对家书进行品读，主要从时空观念、史料实证、家国情怀等方面进行分析，从而弘扬革命传统教育。

中国近代史革命中，一封封革命家书是老一辈革命家和革命先烈留给后人的精神财富。品读革命家书，可以再次见证面对西方列强的侵略，中国人英勇反抗，最终取得民族独立的历史进程，也为无数革命烈士的坚定信念而感动。基于核心素养下的革命家书品读，不仅落实了历史学科核心素养下的史料实证和家国情怀，也弘扬了革命传统教育。

三、品读红色家书，感悟家国情怀

在抗日战争中，为了中华民族的解放，多少热血青年曾抛妻弃子、告别家乡，为国家决意赴死。当年的金戈铁马、弥漫硝烟已尘封在家书的句句思念和牵挂里。重读抗日家书，重温不能忘却的历史，感受赤子满腔的爱国热情，感受"虽千万人吾往矣"的抗战决心。

在抗日战争教学中，可以节选部分抗日战士的家书与学生进行品读，从字里行间感受他们满腔的爱国热情和不悔的抗战决心，感受他们为中华民族的解放而奋斗的勇气和为反法西斯战争作出贡献的力量。

基于核心素养下的红色家书品读，即在中学历史课堂教学中，深入挖掘

历史教材中涉及的重要红色历史人物的家书素材，整合为教学资源加以利用，让学生从中感悟家国情怀，传承红色革命精神。

四、结语

家书在传承中华传统文化、促进社会和谐发展等方面有其独特的价值。基于核心素养下的家书品读，将家书融入高中历史课堂中，通过一封封家书的品读，既贯彻历史学科的核心素养指向，又通过家书品读传承了家族文化的精华，渗透传统美德教育，培养学生的家国情怀，将中华优秀传统文化和中华民族精神继承和发扬下去。

参考文献

［1］中华人民共和国教育部教社科.完善中华优秀传统文化教育指导纲要［Z］.2014.

［2］中华人民共和国教育部.普通高中历史课程标准［M］.北京：人民教育出版社，2017.

谈历史英雄人物教学中渗透家国情怀核心素养的方法

——以部编版《革命先行者孙中山》一课为例

李 爽

时代造就英雄人物，英雄人物又影响时代。历史英雄人物具有独特的教育意义，不仅可以生动形象地呈现历史，让学生以人物为载体感受鲜活的历史，而且还能通过历史英雄人物传递社会正能量，构建和谐社会、建成小康社会的大环境。

家国情怀是学习历史和认识历史在思想、观念、情感、态度等方面的重要体现，是实现历史教育育人功能的重要标志，是学习和探究历史应具有的社会责任与人文追求。学习和探究历史应具有价值关怀，要充满人文情怀并关注现实问题，以服务于国家强盛、民族自强和人类社会进步为使命。

从2016年9月秋季学期开始，历史学科实施部编版新教材。教材主编叶小兵教授指出："新教材注重弘扬中华优秀传统文化，涉及中国历史文化名人40多位，人和事也极具代表性和典型性。"

初中历史中英雄人物的教学目标与学科核心素养家国情怀的培养目标是高度吻合的。以部编版八年级上册第8课《革命先行者孙中山》一课为例，着重以培养学生家国情怀为核心展开历史英雄人物教学。

第8课根据课标要求，通过对孙中山早年的经历和早期革命活动的介绍，将资产阶级民主革命的缘起交代清楚。与旧教材相比，第8课作为新增内容，

上篇

理念

也是全册书中唯一以人物为标题的一课。

一、激趣凝神，故事串讲

这一设计分为三个环节。

第一部分：在课前搜集整理材料的基础上，学生分组讲述孙中山的小故事。

第二部分：结合学生讲述的众多小故事，教师将孙中山早年的经历梳理为"一条主线（救国），三个阶段"，即学医救国——实业救国——革命救国。呈现如下：

材料一：我意一方致力政治，一方致力医术，悬其鹄的以求之，当有所获。

——茅家琦等《孙中山评传》

材料二：窃尝深维欧洲富强之本，不尽在于船坚炮利、垒固兵强，而在于人能尽其才，地能尽其利，物能尽其用，货能畅其流——此四事者，富强之大经，治国之大本也。

——孙中山《上李鸿章书》

材料三：联盟人某省某县人某某，驱除鞑虏，恢复中华，创立合众政府。倘有贰心，神明鉴察。

——《檀香山兴中会盟书》

孙中山认为，"医术救人，所济有限"，故"医国"比"医人"更重要，从此走上革新政治、反清革命的道路。

第三部分：教师层层追问，引导学生思考孙中山早期救国行为变化的根源在于当时的中国国难当头，饱受帝国主义列强的侵略和封建专制统治。外患内忧之下，孙中山誓言"亟拯斯民于水火，切扶大厦之将倾"，毅然投身革命民主事业，这正是孙中山家国情怀的体现。

二、头脑风暴，名言认知

通过上一环节的故事，学生初步认识孙中山的早年事迹，了解其早年的救国活动，对这一历史人物形成了较为生动的直观印象。学习历史人物，要研究其思想，更要从他的言行中去体悟和感受。

通过"头脑风暴"，让学生快速说出一句自己印象最深的孙中山的名言。在学生回答的基础上，整理如下：

名言一：天下为公。

名言二：驱除鞑虏，恢复中华，创立民国，平均地权。

名言三：民族、民权、民生。

名言四：革命尚未成功，同志仍需努力。

进一步补充如下：

名言五：国家之本，在于人民。

名言六：要立心做大事，不要立心做大官。

名言七：一息尚存，不忘救国。

名言八：以吾人数十年必死之生命，立国家一万年不死之根基，其价值之重可知。

通过对一系列名言的学习，孙中山的形象在学生心中显得有血有肉，更加丰满起来，学生也更能够体会到孙中山那种"心系民众，天下为公""先天下之忧而忧，后天下之乐而乐"全身心投入革命矢志不渝的精神。

最后进行评选，选出孙中山名言中对自己最有启发的一句，引导学生将孙中山的思想与自己的言行结合，鼓励学生向英雄学习。孙中山的革命生涯屡经挫折，却越挫越勇，备尝艰辛。但是，他从不因失败而灰心，也从不因困难重重而退缩，坚信"吾心信其可行，则移山填海之难，终有成功之日"，尤其是"革命尚未成功，同志仍需努力"这一遗言，让学生感受英雄人物的爱国主义精神，从而为学生提供丰富的人生养料，通过挫折教育，培养健全人格。

三、多眼看人，多重评价

历史人物教学中不可规避的是对历史人物的评价，而人物评价要力求客观、公正、多元、全面。

1. 别人眼中的孙中山

材料一：孙中山先生是伟大的民族英雄、伟大的爱国主义者、中国民主革命的伟大先驱，一生以革命为己任，立志救国救民，为中华民族作出了彪炳史册的贡献。我们要学习孙中山先生热爱祖国、献身祖国的崇高风范，我们要学习孙中山先生天下为公、心系民众的博大情怀，我们要学习孙中山先生追求真理、与时俱进的优秀品质，我们要学习孙中山先生坚韧不拔、百折不挠的奋斗精神。

——习近平：在纪念孙中山先生150周年诞辰大会上的讲话

材料二：祖父不是那种高高在上的人，他的生活很艰辛。为了救国，他经常是吃不饱睡不好，颠沛流离。这些年我寻访祖父足迹的讲演经历，让我亲身体会到他的这种艰辛。

——孙穗芳（孙中山之孙女）

材料三：孙中山为后世留下一笔珍贵的文化遗产，不说别的，光是全国各省（市、自治区）为纪念孙中山先生而定名为"中山路"的就有187条。在中国，几乎每座城市都有一条"中山路"，顾名思义，是为了纪念孙中山先生。

——曾应枫《孙中山故事传说的价值和意义》

2. 学生眼中的孙中山

通过以上材料，引导学生结合本课的所见、所闻、所感，在心中勾勒孙中山的形象。一方面有助于提高学生多角度评价历史人物的能力；另一方面有助于弘扬和培育学生以爱国主义为核心的民族精神，唤起学生的责任意识，培养学生的社会责任感，引导他们树立正确的世界观、人生观和价值观，激发学生树立崇高的理想，立志成才，为实现中华民族伟大复兴的中国梦而努力。

本课的教学设计紧紧围绕"家国情怀"这一核心素养，结合初中学生的学习特点，设计多种活动，引导学生通过史料进行思考和申辩，在知识学习的同时，家国情怀的素养自然生成。

参考文献

［1］黄云龙.部编（中国历史）八年级上册教科书总体介绍［J］.历史教
学，2017（19）.

［2］曾应枫.孙中山故事传说的价值和意义［J］.文化遗产，2016（5）.

23

上

篇

理

念

在中学历史课堂中加强优秀传统文化的外现教育

吴浩亮

2017年1月25日，中共中央办公厅、国务院办公厅联合发布《关于实施中华优秀传统文化传承发展工程的意见》（以下简称《意见》），将中华优秀传统文化的传承发展正式确立为国家工程。《意见》指出，要围绕立德树人的根本任务，遵循学生认知规律和教育教学规律，按照一体化、分学段、有序推进的原则，把中华优秀传统文化全方位融入思想道德教育、文化知识教育、艺术体育教育、社会实践教育各环节，贯穿于启蒙教育、基础教育、职业教育、高等教育、继续教育各领域。以幼儿、小学、中学教材为重点，构建中华文化课程和教材体系，编写中华文化幼儿读物，开展"少年传承中华传统美德"系列教育活动，创作系列绘本、童谣、儿歌、动画等，修订中小学道德与法治、语文、历史等课程教材。

近些年来，国家一直非常重视中华优秀传统文化的传承，也陆续出台过相关的政策，收到了一定的效果。而从创造性、创新性和持续发展的角度来看，目前尚未完善，未来依然任重道远，需要从各个层面加强。要根本改变中华传统文化传承困难的现象，当务之急是要使中华优秀传统文化重新焕发生命力。这种生命力不能只靠外在"输血"，必须得会自己"造血"。中学历史课堂对培养学生民族气质和情结、传承历史文化有独特优势，但是也普遍存在重知识传授、轻实践创作的现象。在中学历史课堂教学中，涉及优秀传统文化教育部分，要把知识传授和学生创作结合起来。

一、优秀传统文化的内化教育与外现教育

依据教育方向，可将优秀传统文化的教育分为两种类型：内化和外现。内化教育指的是通过学习阅读传统经典，学习传统礼仪等文化或制度，从小学教育直至中学、大学，包括家庭和社会活动持续连贯教育，使优秀传统文化成为国民基本素质、精神、世界观的一部分。在党中央的重视下，全国上下现在都在进行传统文化的内化教育，特别是学校教育，可谓遍地开花。但在一片欣欣向荣的景象中，也存在不少问题。谈到山东省传统文化教育的发展现状，耿成义说："近十余年来，我省传统文化教育的散点式探索成绩斐然，但问题依然明显存在。比如，停留在经典诵读的反复演练，沉溺于表象的国学展示，徘徊于浅层的知识型教学和突破无路的矛盾，等等。"山东传统文化教育的困局是全国传统文化教育困局的缩影。

另外一种教育方向是外现教育，指的是优秀传统文化与具体物质结合创作的教育。简单地说，就是学生学习了优秀传统文化如何表现出来，如何能进行有效地创作。这个方向是目前学校教育研究的比较少但又非常重要的一部分。

优秀传统文化的外现指的是一个民族的制度、礼仪、风俗习惯，甚至人民的价值观念、思维方式、审美观念通过器物文化表现出来。传统文化可以看作一种精神层面的亲缘关系，将同一种文化传统下的个体联系在一起。现实中有相近血缘关系的人往往能作为一个种群辨认出来，这是DNA的印记外现。而精神层面的印记必须外现为具体物质标记才能发挥最好的作用。比如，一个国家建立之初，首先要做的事情就是确定国旗、国歌、国徽，而这三者必然承载着这个国家的历史、性质、精神、使命和文化内涵，国民对此认可度越高，说明民族向心力越强。同理，优秀传统文化的外现非常重要，是号召国民对本民族历史文化认同的具体落脚点。以标志性建筑的屋顶为例，看到尖拱和尖顶穹窿，就知道是伊斯兰教的建筑；看到空灵、纤瘦、高耸、尖峭的哥特式教的建筑，就知道是基督教教堂；看到有着鸟翼伸展的檐角和屋顶各部分柔和优美的

上篇 理念

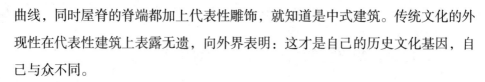

曲线，同时屋脊的脊端都加上代表性雕饰，就知道是中式建筑。传统文化的外现性在代表性建筑上表露无遗，向外界表明：这才是自己的历史文化基因，自己与众不同。

优秀传统文化的外现教育是把优秀传统文化知识性学习与外现创作结合的一种教育，其重要性表现为优秀传统文化的延续和传承。"传统文化教育是浸润、融入教育，不是单纯的知识传授，而是回归文化传承的本源，探求文化精神的认知途径，是实现创造性转化和创新性发展的长久任务。"现在，校园教育已经开始重视加强国民礼仪教育，推进戏曲、书法、高雅艺术、传统体育等进校园，实施传统戏曲振兴工程、中国经典民间故事动漫创作工程等。

二、传统文化外现不足的困局

我们国家有许多的优秀传统文化在历史的长河中流失了或衰微了，原因有很多方面，但最重要的原因是这些优秀传统文化的创造性转化及创新较少。

比如面塑，俗称"捏面人"。中国的面塑艺术早在汉代就已有文字记载，历经几千年的传承和经营，可谓源远流长，早已是中国文化和民间艺术的一部分，也是研究历史、考古、民俗、雕塑、美学不可忽视的实物资料。但是，此项技术目前却面临后继无人的危险。是面塑没有前途了吗？不是的！现在一些动漫的人物摆件在市场上依然红火，甚至能卖出天价。

熊猫是中国的国宝，功夫是中国传统体育文化，但《功夫熊猫》却由美国梦工厂动画公司出版，由约翰·斯蒂芬森和马克·奥斯本联合执导；花木兰是中国古代传说中的女英雄，但动画电影《花木兰》却是迪士尼公司出品，由托尼·班克罗夫特和巴里·库克联合执导；《三国演义》是中国古代四大名著之一，是中国人用中国历史创作的历史小说，但风靡游戏界的各种三国主题的游戏几乎都出自日本。还有茶艺、书法、儒学、道学等，同样遭遇了墙内开花墙外香的危机。

传统文化的出路在于能创造出与现代社会元素相结合的产品，能让大众乐于接受，并能产生经济效益。历史上就曾经有过成功的案例。比如，孙中山将西装结合中国传统文化和他的革命理念进行了改造，产生了中山装；民间对满族女性传统服装结合西方元素进行了改进，产生了旗袍。这两种服装是世界范围共同认可的带有中国传统文化元素的服装。如今在许多重要场合中，中国人仍然会身穿中山装和旗袍出席。

经济学者指出，中国未来经济产业的矩阵必定需要高附加值的产品占据大部分市场份额。理想的高附加值一方面有赖于科技，另一方面有赖于文化。2006年以来，商界、广告界、设计界开始深度挖掘中国传统文化内涵。如何将"中国元素"植入品牌中，协助民族品牌走向世界，已成为中国企业家们关注的焦点。那么，国家如何培养并储备具有优秀传统文化素养的21世纪人才，需要从学校中小学传统文化课程开始打下坚实的基础。

三、优秀传统文化外现教育层次

优秀传统文化的外现教育分三种层次：一是简单的复古体验；二是传统文化与现代文化元素结合的尝试；三是传统文化核心精神的表现设计（创作）。

1. 简单的复古体验

第一种层次是简单的复古体验，现在很多学校都在做。比如，很多学校（以小学居多）让学生穿上古代传统服装，诵读经典诗词，弹奏古乐器，学习古礼仪、书法、围棋等。虽然从学习的层次来说很浅显，但是可以让学生在形式上了解中华优秀传统文化，增加学生的体验，激发学生了解优秀传统文化的兴趣。但是，决不能让优秀传统文化的外现教育仅止于此，特别是中学。中学生兴趣广泛，求知欲旺盛，开始有自己独立的见解，对流行文化特别喜欢。如果传统文化的外现教育仅止于简单的复古体验，学生不能从中找到传统文化与自身的联系，很快就会失去兴趣。

2. 传统文化与现代文化元素结合的尝试

第二种层次是一种创造，让学生产生自己的作品，从而增强对传统文化的认同感和归属感。但这种创造只是较为简单地将元素整合，比如在舞蹈服上印上中国书法"舞"字、在帽子上印上京剧脸谱、将故宫的大门抽象成书包的两侧等。

上篇
理念

京剧脸谱帽子

故宫大门书包

3. 传统文化核心精神的表现设计

第三种层次建立在对传统文化的深度理解下，是对优秀传统文化（精神、标志、印记）的一种再创作，从而产生有生命力、有重要影响力的作品。这应该是教育对学生培养的最终方向。比如，2008年第29届北京奥运会会徽"中国印·舞动的北京"就表现出中华传统文化元素和奥林匹克运动元素的结合，"京"字中国印以印章（肖形印）作为标志主体图案的形式出现。印章四五千年前就已在中国出现，是表现中国传统文化的艺术方式之一，至今仍是一种普遍使用的，并且代表社会诚信的方式。红色是整个标志的主色调，向来也是象征着中国的标志性颜色。会徽的字体采用了汉简（汉代竹简文字）的风格，将汉简中的神韵有机地融合到"Beijing2008"字体之中，简练、舒畅，与会徽图形和奥运五环很自然地融为了一体。又如，北京奥运会礼仪小姐服装——"青花瓷"系列。"青花瓷"系列设计灵感取自闻名世界的中国青花瓷器，传统针绣的运用形象逼真地再现了青花瓷的晕染效果。鱼尾裙的廓形设计凸显了中国女性的柔美曲线。再如，中国民营企业比亚迪汽车提出的设计理念——王朝龙相，包容平衡。比亚迪的解释是："龙，传说由黄帝选择各部落图腾的特点结合而成，中华民族一直以龙的传人自居，'龙'文化符号作为核心设计元素，蕴含中国文化，尤其是'君子文化'包容有度的智慧和哲学，传统与现代兼容并包，实现中西先进设计理念的融合交汇。"从"龙脸"系列的车上市的表现情况来看，中国人对此接受程度很高。

"中国印·舞动的北京"　　　　　北京奥运会礼仪小姐服装——"青花瓷"系列

比亚迪汽车的"龙脸"设计

　　另外，中国风的流行音乐也是第三种层次创作的一部分。中国风的歌曲多采用"宫调式"的主旋律，在音乐的编曲上大量运用中国乐器，如二胡、古筝、箫、琵琶等，唱腔上运用了中国民歌或戏曲方式，题材上运用了中国的古诗或者传说故事。中国风的流行音乐就是"三古三新"——古辞赋、古文化、古旋律与新唱法、新编曲、新概念结合的中国独特乐种，即歌词具有中国文化内涵，使用新派唱法和编曲技巧烘托歌曲氛围，歌曲以怀旧的中国背景与现代节奏相结合，产生含蓄、忧愁、幽雅、轻快等歌曲风格。中国风又分为纯粹中国风和近中国风，纯粹中国风是满足以上六大条件的歌曲，近中国风则是某些条件不能满足而又很接近于纯粹中国风的歌曲。流行音乐中有成功创作的范例，如周杰伦的《东风破》《千里之外》《青花瓷》等一系列中国风的流行曲目。

　　第三种层次的表现形式应该是多种多样的，从深层理解优秀传统文化内

上篇　理念

涵并重新创作的都能归为此类。

传统文化的创意表现必须突破停留于视觉样式的临摹复制以及简单的元素叠加，这需要教师引导学生对中国元素的提炼与创新进行深入探究。同时，这也是传统文化课程开发与实施中的重点与难点。传统文化的创新离不开"中国元素"这一概念，开发以"中国元素"为核心的创意课程，创意路径可概括为取其形、延其意、传其神、创新意。

四、优秀传统文化外现教育要注意的问题

首先，不能与优秀传统文化的内化教育脱节。没有内化教育，优秀传统文化的外现教育就成了无水之源，任何创作都无从谈起，作品不可能具备灵魂。

其次，要从学生的实际情况出发，对不同年龄段、不同类型的学生要求应该有所不同。比如，小学生由于年龄阶段的认知特点，进行有效创作的可能性不大，应该以简单体验为主。外现教育创作应该安排在中学、大学阶段，切忌强行灌输，结果将适得其反。

最后，特别不能有排外性、排他性。从横向来说，中华优秀传统文化是世界优秀传统文化的一部分；从纵向来看，中华优秀传统文化是中国从古到今优秀文化的一部分。优秀文化不分彼此、不分先后，都要学习传承并进行再创造。坚持交流互鉴、开放包容、以我为主、为我所用，取长补短、择善而从，既不简单拿来，也不盲目排外，吸收借鉴国外优秀文明成果，积极参与世界文化的对话交流，不断丰富和发展中华文化。也就是说，传承发展中华优秀传统文化要不忘本来、吸收外来、面向未来。

参考文献

[1] 高菲. 从理念到实施——山东省传统文化教育的落脚点 [J]. 文化大观，2017（6）.

[2] 姚侣毅. 中国传统元素与现代相融合的中学"工艺·设计"课程研究 [J]. 美育学刊，2012（1）.

优秀传统文化在初中历史
教学中的渗透

杨怀雪

法国文学家维克多·雨果曾说："历史是什么？是过去传到将来的回声，是将来对过去的反映。"历史是一个民族的记忆，而保持民族集体记忆就是历史教学的使命之一。

习近平总书记在党的十九大报告中讲："深入挖掘中华优秀传统文化蕴含的思想观念、人文精神、道德规范，结合时代要求继承创新，让中华文化展现出永久魅力和时代风采。"在社会发展的新形势下，在课程改革的新要求下，历史教学承载了求真、树德、继承的任务。我在教学中总结七年级中国古代史、八年级中国近现代史，将教材中提到的优秀传统文化分为经典理念型、英雄人物型、事迹激励型。以下介绍我在课堂教学中的几点做法，以期抛砖引玉，给大家带来借鉴和思考。

一、经典理念型

经典理念型集中在七年级上册的中国古代史中，如七年级上册第3课《远古的传说》，开篇提到了盘古开天地、女娲补天、后羿射日等神话传说。七年级的学生刚刚接触历史课堂，培养他们具有探究精神、求真精神是最重要的，而不仅仅是传授知识。我以问题的形式引导他们思考。

上篇 理念

教师：这些内容是不是历史的内容？

学生：（比较茫然，不敢回答）

教师：是就是，不是就不是，观点无所谓对错，只要说的有道理。

学生甲：我认为是历史内容，因为出现在了历史课本里。

学生乙：我认为不是历史，因为这些都是不真实的。

教师：虽然这些内容不属于历史史实，但中国古代史就是从神话传说中开始的。神话来源于先民的生活和愿望。

教师：盘古、女娲、后羿都代表原始先民，开天、补天、射日都反映的是自然界的变化。他们之间有什么关系呢？在生产力水平极其低下的时代，这些神话反映了原始先民的什么愿望呢？

学生：反映的是人与自然的关系。人类在发展过程中想征服自然、改造自然的美好愿望。

在这一过程中，学生既明白了神话传说与历史史实的区别，又理解了神话传说的内涵，还会对人类探索自然、改造自然的艰辛有所了解，最终促使他们珍惜今天的幸福生活。这就是历史学科培养人的使命之一。

二、英雄人物型

古代史中能够引起学生思考的英雄人物有很多，但怎样选择、如何引导学生思考才是最关键的问题。所以，我建议选取最容易引起学生争议的英雄人物，在学习过程中允许学生发表不同的见解和看法，引起他们思维的碰撞和争论，这样才会促进他们的认知。比如，在学习商鞅变法时，关于商鞅个人的历史作用这一内容就引发了学生的讨论。

出示材料：

"商君治秦，法令至行，公平无私，罚不讳强大，赏不私亲近……"

——《战国策·秦策一》

教师：你怎样看待商鞅变法的措施？

（学生讨论后回答）

学生甲：商鞅变法打击贵族、鼓励生产、奖励军功，有利于社会的发展。

学生乙：商鞅变法实行法家的严刑峻法，容易激化阶级矛盾，不利于社会的稳定。

学生对商鞅变法的措施有不同的看法，而这时教师不要急于下定义说明谁对谁错，应该通过进一步地讨论，让学生在深入理解中找到中肯的评价。

教师：秦孝公死后，商鞅遭诬陷，起兵反抗，兵败后被车裂。对商鞅的遭遇，你有什么看法？

学生甲：商鞅变法损害了旧贵族的利益，秦孝公死后，商鞅失去了支持者。任何改革都会遇到阻力，但往往阻力越大，成就越大。

学生乙：商鞅用法家思想治国，实行愚民政策，这也是导致他变法兵败后被杀的一个原因。

教师：同学们说得都很好，对历史人物、历史事件就是要仁者见仁、智者见智，没有一家之言。但如果从当时的历史环境和影响来看，商鞅变法不仅促进了秦国的强大，也加快了统一的步伐，虽然严刑峻法成为秦亡的一个原因，但那已经是100多年后秦二世的事了。

三、事迹激励型

先进人物的事迹往往能够激励学生的成长。比如，在学习八年级下册第18课《科技文化成就》时，介绍了两弹元勋邓稼先、钱学森。学生通过阅读、讨论，激发了他们的爱国情感和民族认同感。

教师：阅读课本中的人物描写，了解两位科学家的经历和贡献后，再谈谈你的感受和感想。

（学生阅读后谈自己的感受）

学生甲：我感受到了两位科学家不畏艰苦、克服一切苦难、最终成功的艰辛。

学生乙：两位科学家放弃了国外的优越条件，回到祖国，默默奉献。我感受到了他们的爱国之心，要学习他们的爱国精神。

学生丙：两位科学家克服困难，研制出了核武器和导弹，让新中国多了一份自信和实力。我为他们骄傲，也为中国骄傲。

上篇 理念

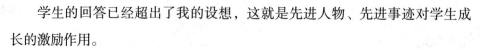

学生的回答已经超出了我的设想，这就是先进人物、先进事迹对学生成长的激励作用。

这样的教学资源很多，有时候一个人、一句话、一件事就对学生起到了潜移默化的作用。这需要教师在备课时充分挖掘课本资源，深入阅读相关的内容，让历史教学在思想碰撞中完成，这样才会引发学生的自我成长。

文化溯源中的学校教育反思与构建

余　滨

一、以德树人，激发的使命担当

党的十八大提出"要深入开展社会主义核心价值体系学习教育，大力弘扬民族精神和时代精神"。在2014年举行的中共中央政治局第十三次集体学习中，习近平总书记强调："把培育和弘扬社会主义核心价值观作为凝魂聚气、强基固本的基础工程，必须立足中华优秀传统文化，要从娃娃抓起、从学校抓起，做到进教材、进课堂、进头脑，润物细无声。"

如何对待中国传统文化的问题，是近现代以来中国社会和思想文化界关注的热点问题之一，成为当代中国特色社会主义建设中的重要课题。

《国家中长期发展规划纲要（2010～2020）》中提出，要把育人为本作为教育工作的根本要求，坚持德育为先，加强中华民族优秀文化传统教育和革命传统教育。2014年3月，教育部印发了关于《完善中华优秀传统文化教育指导纲要》的通知，提出把中华优秀传统文化教育纳入中小学教学体系，鼓励设置课程、出版教材。党的十八大提出"要深入开展社会主义核心价值体系学习教育，大力弘扬民族精神和时代精神，深入开展爱国主义、集体主义、社会主义教育，丰富人民精神世界，增强人民精神力量。全面提高公民道德素质，弘扬中华传统美德"。可见，构建社会主义核心价值体系，弘扬优秀传统文化，提高公民素质，教育者首先应该承担起民族的重任，思考从何处入手解决现实的问题。

上篇

理念

可见，学习中华优秀传统文化不仅有必要，而且非常急迫。"童蒙养正，少年养志。"在学校教育一开始的时候，教育广大学生立志做一个正直的人、有理想情操的人，然后再开发他们的智力，培养他们的志向，这才是教育正确的顺序。

教育是民族振兴和社会进步的基石，教育者理应有责任承担"优秀传统文化进校园"的义务，将优秀传统文化引入校园，通过国学教育的渠道，让国学经典走进课堂，使学生经受中华传统经典的追问和检验，成为一个有文化归属感的中国人，以期担当传承中华文化命脉的重任。

二、文化溯源，蕴发的行动体系

国家在行动，民族在行动，文汇在行动。

2011年，学校在全国率先提出"德育民族化"的课题。所谓"德育民族化"，就是根据时代发展和未来需要，在遵循青少年身心发展规律的基础上，有目的、有计划地汲取本民族的优秀传统文化，以"励志"为主题，以"崇仁""尚礼""感恩"为课程，以"一书、两礼、三餐、四教、五典、六节"为载体，以"中华十德"为内涵，通过学习与培训、活动与体验，建立分年级系列化育人体系，通过传播和弘扬中华优秀传统文化，达成"传承优秀民族传统，培育未来中华脊梁"的效果，进而实现学校道德教育目的的活动和过程。

学校成立领导小组和国学教育中心，细化工作安排和各种相关制度，出台了《国学教育五年规划（2011~2016）》；依托学校原有的建筑格局，打造了"标识文化""庭院文化""景观墙文化""园林文化""楼宇文化""楹联文化""文汇窗文化""文汇人文化"等多种校园文化，突出显现了环境育人的重要功能；编制了校本教材《大学》，以"一书"为载体，全面铺开经典诵读活动，编辑出版了《崇仁》《尚礼》《感恩》《清明》《端午》《中秋》等国学教育丛书，组织学生学习和诵读；开展"晨诵、午书、晚课"三餐活动，让学生品经典悟人、写汉字立人，将国学教育生活化，积极把学生的道德建设活动和校内外活动相结合，为学生提供道德实践的机会；分年级开展国学经典教育会操活动，从2011年10月份开始至今，文汇人举行的各种主题、各种范围的"国学会操"，如"经典·生命·根""经典·艺术·润""国学·文字·翰""经典·太极·健""中华·文化·脉"等已经达到了33次之多；结合民族传统节日，打造大型街会品牌活动，先后举办了"我们的节日·清明"遥祭轩辕黄帝活动、"我们的节日·端午"文汇街会（包粽子、旱地龙舟）、"我们的节日·中秋"文汇街会（赛诗、汉字书写大赛），频频向外界展示，取得了很震撼的效果；开展国学大讲堂，邀请社会学者和专家进行专题讲座，学校成立了国学讲师团，开展主题有"青年修身与三守精神""带你进入吹的世界"和《大学》《论语》《声律启蒙》吟诵讲座等，丰富了学生的国学知识，扩展学生的国学视野；开展各种形式新颖的活动，如书法比赛、朗诵比赛、演讲比赛等；致力于国学教育进课堂，精心打造"国学班会课"和"国学学科课"，打磨并推出了以"仁爱""礼仪""感恩""诚信""正义""忠恕""孝敬"为主题的"中华十德"精品课；推出"一月两德"国学教育主题系列活动，将"仁义礼智信，忠孝恭谨信"的民族精神融入学生血脉中；完善了国学课程评价体系，每学期期末进行"国学标兵班""国学标兵"的评选；在每次的国学会操和节日庆祝活动中，评选出优秀班级，并给予奖励；将培育和践行社会主义核心价值观与家庭教育相结合，拓宽教育平台，定期举办家庭教育专题讲座，印发学习资料，组织家长论坛和家庭教育经验交流会，不断提高家庭教育水平；出版了文汇学校《德育民族化成果集之一》《德育民族化成果集之二》。

三、无心插柳，勃发的德育新枝

学校将优秀传统文化融入德育教育工作中，以学生长远发展和人生底蕴为着眼点，科学、合理地安排优秀传统文化课程，加上灵活的教育方式、新颖的评价验收形式，优秀传统文化教育取得了显著成绩。

调查表明，学生对优秀传统文化的认知和认可程度大大提高；实践证明，学生文明素养的能见度大幅提高。我校的优秀传统文化德育教育对学生的综合道德品行有着良好的促进作用，也达到了传统文化德育教育的目的和效果。在校园文化的潜移默化中，在经典诵读的熏陶泽染中，学生变得安静、儒雅，能静下心来读书，学习兴趣高涨。国学教育五年，我校的中考升学成绩节节攀升，教学质量连年跃上新的高度。

学校的经验得到了市、区各级领导的充分肯定。市、区两级文明办两次在文汇中学召开"优秀传统文化进校园现场会"，充分说明了文汇人的国学教育具有典型意义和样本意义。2012年5月18日，由深圳市教育局、市教科院、宝安区教育局、教育科研培训中心联合举办的"深圳市课程改革基层创新现场（宝安区）交流会"以文汇中学为主会场隆重召开。2012年11月9日，宝安区"新宝安·新教育·新成果"课程改革成果展示，文汇中学到场人数最多。2014年12月5日，"全国优秀传统文化建设高峰论坛暨中国教育学会学校文化研究分会换届大会"在文汇中学成功举行。

文汇中学的优秀传统文化教育在社会上也引起了广泛的关注。学校先后被评为全国首批"中小学优秀传统文化教学研究基地""中国人民大学国学院国学启蒙教育示范基地""广东省文明单位""深圳市培育和践行社会主义核心价值观示范点"，学校国学教育中心多次前往教育部基础教育司和全国各地传授经验。文汇中学的优秀传统文化进校园工作准确把握了时代脉搏，实现了优秀传统文化与学校内涵的融合，让文汇的声音传遍全国。

文汇中学的国学教育还引起了多家媒体的注意，凤凰卫视、深圳电视台、宝安电视台、《中国教师报》《南方日报》《南方都市报》《南方教育时报》《深圳特区报》《晶报》《深圳商报》《宝安日报》等媒体相继对文汇中学国学教育情况进行了报道。

"路漫漫其修远兮"，德育民族化工作是一项长期工程，只有不断创新工作思路、工作形式，才能更好地开创德育工作的新局面，为培养社会主义栋梁之材贡献力量。

中华优秀传统文化在高中历史生活化的教学渗透

——以中国传统服饰文化为例

喻芬芳

高中历史生活化的教学，是指历史教学要从学生的日常生活出发，尽力将课堂教学内容和现实生活结合在一起，让历史知识贴近生活，努力实现教学的生活化。在发扬中华优秀传统文化时，注意教学的生活化，有利于拉近高中生与传统文化间的距离，使优秀传统文化得以有效渗透。

一、中华优秀传统文化生活化教学的必要性

高中生作为新生一代，他们成长于经济全球化的背景下，处于信息化高速发展的时代，他们的思想意识、价值观念、思维方式等都逐渐趋于多元化和复杂化，受外来文化的影响比较明显。一部分学生比较痴迷外来文化与事物，对传统文化不屑一顾，传统文化意识逐渐淡化。他们喜欢追求新奇时尚，喜欢特立独行，甚至奇装异服。在这样的背景下，我们需要利用中华优秀传统文化塑造青少年的现代人格，从历史的角度引导学生形成对中华民族的认同感和正确的民族观。

2017版高中历史课程标准明确提出，教学要有机融入中华优秀传统文化，使学生通过高中历史课程的学习，能够从历史发展的角度理解并认同中华优秀传统文化，从而树立正确的世界观、人生观、价值观和历史观，为未来的

上篇 理念

学习、工作与生活打下基础。历史学科承载着弘扬中华优秀传统文化的重要使命，但是历史已经远去，很多高中生对传统文化并不感兴趣，甚至认为学习传统文化没有太大的意义，这与现阶段高中历史教学有一定的关系。高中历史教学关注的焦点在于如何应对学业水平考试和高考，对优秀传统文化的渗透十分有限，造成很多学生对中华传统文化缺乏了解。再者，高中历史教学脱离学生的生活实际，使很多高中生觉得传统文化内涵过于厚重和繁杂，枯燥无味，丧失了对传统文化的兴趣。就像美国著名的教育家约翰·杜威所说："扼杀历史活力的隔离现象，就是把历史与当前社会生活的各种方式和事务分离开来。"

那么，如何有效传播中华优秀传统文化呢？约翰·杜威进一步指出："历史的真正起点总是某种现在的情景和它的问题。"受其理论的影响，教育家陶行知提出生活教育的理论，指出"教育要融入生活，用生活进行教育"。这就为高中历史教学提供了一个很好的思路，教师应当关注学生的生活实际，结合教材从广袤的传统文化中挖掘出相关元素对学生进行教育，建立起历史教学与中华传统文化的有机联系，拉近传统文化与学生的距离。将历史教学生活化，教师在选择教学素材的时候可以与日常生活联系起来，可以从学生的"衣食住行"谈起。这样，优秀传统文化才不是空洞的，而是有了具体的依托，这不仅能拉近传统文化与学生的距离，还能激发学生的兴趣，使学生对中华优秀传统文化有深入地理解，进而认同中华优秀传统文化，认识中华文明的历史价值和现实意义。

二、中国传统服饰文化与高中历史教学的资源整合

如何推动中学历史教学生活化，从而建立日常生活与中华优秀传统文化的有效联系呢？在中国古代人们的"衣食住行"中，"衣"处于首要位置，而且中国素有"衣冠王国"的美誉。中国传统服饰文化是中国传统文化的重要组成部分。历史教学中可以通过精美绝伦的服饰吸引学生的眼球，通过引导学生关注服饰本身的美，进而理解以服饰为代表的传统文化的内涵。

服饰作为人类生活的要素，包括冠、巾、帽、面衣、发式等多种形式，能反映出一定时期社会政治、经济、思想文化，是社会的一面镜子。高中历史

很多教学素材的挖掘可以和服饰联系起来，使历史知识鲜活生动起来。在必修一政治史中，可以通过西周时期的章服制度了解礼乐制度"礼"的规范；从历朝历代服饰制度中所渗透的"礼制"观念，认识礼乐制度对后世的深远影响；从黄色和龙纹为皇帝的专用色与纹样作为王权的象征入手，理解皇权至上；从历朝统治者如何对服饰进行区分和界限来突显皇权，理解君主专制的加强。纵观历朝历代服饰的等级标识，认识阶级社会等级森严这一典型特征。在必修二经济史中，为了更好地认识小农经济，我们可以感知小农的服饰风格及材质；为了更好地了解手工业的发展和经营形态，可以看看纺织的工艺和纺织的种类。受西方入侵、近代中国经济结构变动的影响，中国的物质生活与习俗不断变迁，可以通过服饰的变迁了解社会变迁的特征、原因及带来的影响。在必修三文化史中，可以通过服饰反映特定时期的思想文化看主流思想的演变。比如宋朝一改唐朝的奔放之风，崇尚简朴，向高雅清淡转变，这是由于宋朝理学兴起，强调封建的伦理纲常，人们的思想被封建道德的桎梏所禁锢，服饰也渐趋保守。也可以从古代的绘画作品中人物的穿着感受绘画艺术的魅力和时代精神。比如魏晋时期的人物画像，我们可以看出宽松博大的款式在士人中流行开来，因为这个时期玄风盛行，士族崇尚"自然"，反映这个时代士人休闲洒脱、风流自赏的生活意趣。只要涉及历史人物，我们就可以从人物的穿着挖掘特定时期的时代特征。

三、传统服饰文化渗透与历史核心素养相结合

1. 培养学生的唯物史观

高中历史新课标要求将历史唯物史观运用于历史的学习与探究中，并将唯物史观作为认识和解决现实问题的指导思想。在教学中，可以通过借助丰富的服饰图片材料创设情境，增强学生的直观感受，引导学生认识社会存在与社会意识的辩证关系，以及人民群众是历史的创造者等基本原理和观点。如服装的款式与演变，反映当时社会的政治和经济情况。春秋战国时期，诸侯争霸，礼崩乐坏，社会变革带动服饰制度的变革，传统服饰体制崩溃，深衣不再是礼服，从贵族官僚到士人百姓都可着深衣。赵武灵王为了提高战斗力，下令改穿

游牧民族的短衣长裤，学习骑射。所以，这时期的民族融合也显现在服饰上，出现了北方民族的胡服。进入阶级社会后，深受"礼乐"文化影响，社会的等级制度在服饰上有极其显著的反映。"服饰与礼制相结合，颁布律令，规范和管理不同阶层的穿衣戴帽，从服装的质料、服色、图案纹样等都有详尽的规定，以区分君臣士庶服装的差别，充分表现人们的身份和地位。"中国服饰这种鲜明、独特的礼制观念与文化，是由社会存在决定的。中国五彩斑斓的传统服饰，是由中国各民族在长期的生产活动和社会实践中创造的，是中国各民族创造的宝贵财富。可见，人民群众是历史的创造者，我们应坚持人民的历史主体地位贯穿始终。

2. 培养学生的历史时空观

历史教学强调任何历史事物都是在特定的、具体的时间和空间条件下发生的。只有在特定的时空框架当中，才可能对史实有准确地理解。高中历史学习阶段，特征非常重要。在引导学生学习时代特征时，可以将体现某一时期特征的相关素材进行充分挖掘，这也给我们适时渗透传统文化提供了很好的教育契机。中国每个朝代都有自己的服饰制度，教学时辅以微课视频或图片，让学生感知不同时期的服饰风格，使学生能更好地理解不同时期的阶段特征。比如，唐朝服装崇尚华丽铺张之风，款式奔放浪漫，这是由于唐朝经济繁荣、文化发达、对外交往频繁、世风开放；宋朝则不同，受理学思想束缚，服装呈现纯朴淡雅之美；明朝统治者为了加强君主专制，强化服饰的区别和界限，使延续两千多年君臣共用的冕服成了皇帝和郡王以上皇族的专有服装。再如，空间的建构，中国地大域广、民族众多，不同地域服装的款式、色彩、材料的采用和意象表达都有很大的差异。

3. 培养学生的家国情怀

新课程标准提出家国情怀是学习和探究历史应具有的人文追求，体现了对民族和国家的认同感、归属感、责任感和使命感。中国传统服饰不仅仅是中华民族强大的生命力和丰富艺术内涵的代表，同时也具有了很强的文化基础。历史教学要善于挖掘传统服饰文化的内涵，认识到中华文明的历史价值和现实价值。在中学历史教学中，要引导学生发扬服饰的"和谐协调"文化，追求人与自然、人与社会的协调统一，追求适体、和谐、融洽之美，不着奇装异服，树立正确的价值观。中国传统服饰在世界上都是一颗璀璨的明珠，从先秦的冠冕深衣、秦汉的紫绶金章、魏晋的褒衣博带到清代的顶戴花翎，都是中华民族创造的宝贵财富。我们不仅要引导学生感受传统服饰之美，还要引导学生善于从本民族的文化底蕴中寻找服装素材，将传统服饰的创作推向国际时装界，创造具有中华民族神韵的现代服饰。我们要把中华文明的精髓继续发展传承下去，向世界展示中华传统服饰之美。

四、结语

中华优秀传统文化在高中历史生活化的教学渗透，不仅体现在课堂教学，也要引导学生参加课后活动进行关注。关于中国传统服饰文化，可组织学生开展社团活动，进行中国风服饰创作，并由学生挑选出自己最爱的服装样式。校园文化节时，可以进行传统服饰的展示演出，并对传统服饰进行分类图片展示介绍；也可以组织学生走进博物馆欣赏历史文物精品，真实感受传统服饰之美，不断拉近传统文化与学生现实生活的距离，使之融于学生的生活，这样中华优秀传统文化的渗透才会更为有效。

参考文献

［1］杜威.民主主义与教育［M］.王承绪，译.北京：人民教育出版社，1990：234.

［2］孙培育，李国均.中国教育思想史（第三卷）［M］.上海：华东师范大学出版社，1995：414.

［3］中华人民共和国教育部.普通高中历史课程标准［M］.北京：人民教育出版社，2017.

［4］腾娅.浅谈中国古代服饰文化观念中礼制的体现［J］.新课程学习，2009（8）.

上篇
理念

中篇 实践

中学历史课堂教学中加强中华优秀传统文化的
立德教育——课前分享案例

陈 蕾

中国有着五千年的历史，在历史的传承中，中华优秀传统文化不断被后人所继承。作为一名班主任，尤其是作为一名历史老师的班主任，应该肩负起立德教育的重任。我利用自己的学科优势和德育工作者的双重身份，在课堂前3分钟指定一名学生分享一则历史典故，引导其他同学对此展开讨论，最后教师总结，进行必要的引领，完成思想教育的过程。现特举一例：

马上教师节了，进行分享的学生很应景地选了《程门立雪》的故事和大家分享。

教师：老规矩，今天是哪位同学和大家分享你的故事？

学生（走上讲台）：大家了解杨时吗？

学生：不了解。

学生：那《程门立雪》的故事呢？

学生：知道。

学生：其实《程门立雪》讲的就是杨时的故事，今天我来和大家分享一下。

（随后在PPT上展示如下文字）

杨时，字中立，南剑将乐人。幼颖异，能属文，稍长，潜心经史。熙宁九年，中进士第。时河南程颢与弟颐讲孔、孟绝学于熙、丰之际，河、洛之士翕然师之。时调官不赴，以师礼见颢于颍昌，相得甚欢。其归也，颢目送之曰："吾道南矣。"四年而颢死，时闻之，设位哭寝门，而以书赴告同学者。至是，又见程颐于洛，时盖年四十矣。一日见颐，颐偶瞑坐，时与游酢侍立不去，颐既觉，则门外雪深一尺矣。德望日重，四方之士不远千里从之游，号曰龟山先生。

古人云："三教圣人，莫不有师；千古帝王，莫不有师。"人不敬师是为忘恩，何能成道？自古先哲圣贤以身作则，虚怀若谷，其尊师重道的风范堪为后世楷模，令后人学习和景仰。古人尚且如此，作为新时代的我们呢？看了这段文字，大家有何感想？

学生甲：读了之后，我太感动了。古人都如此尊敬老师，我们现在更应该做到。

学生乙：我不同意你的观点。杨时看到老师睡觉，就不能晚一点儿再来吗？

学生甲：清代思想家谭嗣同曾说："为学莫重于尊师。"这说明尊敬老师是第一位的。知识为人类开辟了认识世界、通往宇宙之路，而老师则带领我们打开了知识的大门。老师的工作没有轰轰烈烈的场面，只是在一方小小的讲台上默默无闻地耕耘、浇灌，平凡而艰辛，却蕴含着伟大，创造着神奇。我们的成长离不开老师。一个没有老师、没有知识的社会，不过是一片贫瘠的荒漠。

学生乙：人生下来都是平等的，中国古代完全是封建旧思想，中毒太深。

学生甲：《礼记·学记》中指出："凡学之道，严师为难。"意为在所有做学问的道理中，尊敬老师可谓难事。尊敬老师是学生的本分，古今中外无数事例告诉我们应该尊敬老师，要通过自身的实际行动弘扬尊师重教的优良传统。

教师：好了，其实大家的观点都没有错，只不过是看问题的角度不同罢了。我们每个人都是独立的个体，在人格上都是平等的。无论是父母和子女，还是老师和学生，都处于平等的位置，都有自己的尊严。但尊师重教是中国的传统美德，可谓"古之圣王，未有不尊师者也"。凡弟子要能够成材，首先要懂得向老师虚心求教。而在跟随老师的同时，就应该要明白尊敬师长的道理。

须知父母养育我们、师长教导我们是一样的恩泽，怎么可以不尊敬呢？而且，一个能尊敬老师的人就能重视学业；相应的，也就是尊重自己。游酢、杨时尊师重道的精神，值得大家体会和学习。

教师这里也希望大家明白一个道理，对于中国传统文化中精华的部分，我们还是要继承和发扬光大的。例如，儒家思想强调"仁、义、礼、智、信"，这是做人最起码的标准。中国从古到今一直屹立于世界的东方，这个古老的文明古国有我们学不完的知识、汲取不完的营养，大家明白了吗？

学生：明白了，今天收获不少。

教师：好，那我们开始上课！

习近平总书记多次在考察、讲话、批示中表达了对教育事业的重视和对教师职业的尊敬，从教育大计、教师责任、人才培养等多个层面发表了一系列重要论述。

尊敬教师采取符合教育规律的教育举措，在教育过程中采取科学有效的教育方法，唯有如此才能形成家校"一盘棋"的教育格局。从社会的角度来说，要形成尊师的传统，无论投入了多少财力建设学校，无论投入了多少精力支持学校，但是如果只建设不坚守，教育还一样会出问题。社会要形成尊师的良好风气，从正面宣传教师的优秀事迹，从正面引导舆论氛围，从不同的角度、不同的层次大力弘扬社会正能量，这样才能形成全社会尊师重教的氛围。从学校和教育主管部门的角度来说，要敢于对那些不尊师的现象进行批判，留住教师的心；要敢于为那些认认真真从教、兢兢业业育人的教师撑起一片蓝天，让教师教得安心、育得放心。

"百年大计，教育为本。"教师是立教之本、兴教之源，德育教育要从学生抓起。

中学历史课堂教学中加强中华优秀传统文化的立德教育——课后练习案例

陈 蕾

课堂教学是教师与学生进行思想交流和心灵沟通的过程，下面以课后小论文的撰写为例，进一步论证在中学历史课堂教学中加强中华优秀传统文化立德教育的必要性。

教师：今天，我们学习人教版必修三第一单元第1课的内容：《百家争鸣和儒家思想的形成》。同学们知道儒家学派的创始人是谁吗？

学生：孔子。

教师：非常好，我们今天就重点讲一下孔子的主要思想。在课本学习的基础之上，请同学们阅读以下材料，回答孔子的主要思想是什么？

材料一：子曰："仁者爱人。"

材料二："克己复礼为仁……非礼勿视，非礼勿听，非礼勿言，非礼勿动。"

材料三："为政以德，譬如北辰，居其所而众星共（拱）之……子为政，焉用杀，子欲善而民善矣。"

学生甲：孔子思想的核心是"仁"，仁者爱人。孔子认为，仁就是爱人，要求人与人之间要互相爱护、融洽相处。要实现"仁"，就要做到待人宽厚，"己所不欲，勿施于人"。

教师：回答得非常好，还有人补充吗？

学生乙：除了"仁"之外，还有"礼"，克己复礼。他希望恢复西周的礼乐制度，使每个人的行为都符合礼的要求。

教师：很好，那材料三主要阐述了孔子的什么思想呢？

学生丙：孔子的政治主张是"为政以德"，强调统治者要以德治民、爱惜民力、取信于民，反对苛政和任意刑杀。

教师：以上同学回答得非常全面。我们如何评价和看待孔子的思想呢？孔子的哪些思想在当今社会仍然可以为我所用？今天的课后作业就是《孔子思想之我见》的小论文，通过课堂上所学知识，谈谈你的想法。

◎ 附学生作品：

孔子思想之我见

徐嘉德

周游列国，无问西东，孔子便是在这样的环境中刻下了春秋的痕迹。

"仁"为本，"礼"为根。三寸之舌就这般宣扬自己的一腔热血。诸侯王对其束缚自己权力的"民贵"谬论麻木厌倦了，大手一挥，斩断星空中希望的尾巴，孔子的现世心愿就此戛然而止，不带尘埃遗落。然而，后人却秉其遗志，让儒学之光重见天日。

孔子的"为政以德"深深地影响着每一名新中国的领导人。他们以史为鉴，以仁为德，令万世口中的华夏再为泱泱大国的象征词。"水能载舟，亦能覆舟"，这是历代君王辗转更替得出的治国之道、治国之德。以民为本，以人民的一切为出发点，这是新中国领导人的品德所在。几千年前种下的因，终于在最需要的时刻开花结果，在最新的时代品尝"仁"的朝晖。

孔子三千弟子广为后人称奇，他的"有教无类""因材施教"化为万世荣光，普照华夏教育的大地，惠及寒门中挣扎的人们。如今的学生不再以"求学"常称，而是单为学生，这种情况来源于"有教无类"中衍生的所谓"素质教育"。拜其所赐，理性之光又得以在新生代的我们中绽放光彩，获得并继承了得以拨开迷雾看清事物的能力，待人以善、积极不懈怠的美好品德。

可孔子毕竟为一介凡人，纵使有凌世人之上的智慧，也窥不见其后世的万象。"君权神授"忤逆了"敬鬼神而远之"的主张，"罢黜百家"少了其向老聃请教时的鬓角微霜。这样偏离中心的儒学确实浑浊了一时。但有幸，理学的诞生令世人重新看待开始模糊的儒学，并且经过群星般的思想大家的纠正，儒学终为今天的面目。尊师重义，谦逊好学，这方是时至今日的儒家品德。

孔子曾叹世人不可治，但仍有流传千古之治论。孟子也曾对社会之恶摧残善心感慨，却依然愿为天下申以"仁政"大义。这是最了不起的儒家教诲，即为"有为"二字。

蒙其所教，每一位华夏年轻人的血液渐渐摆脱了灰尘与阴霾，带着使命感去完善自身；心中怀着对国家之有为的崇高理想，去书写属于他们新一轮的绚烂辉煌。

然而，比起相信这是世代相传的儒家影响而生的美德——我更愿意相信这是属于世代铭刻于心的血脉传承，是历经风霜仍不改初貌的华夏之魂。

教师点评

孔子——万世师表，其儒家思想对中国乃至世界都有深远的影响，因此被列为"世界十大文化名人"之首。通过这篇习作的布置，可以引导学生如何立德，让学生从中体验和感悟中国传统主流思想对人的成长和对我国社会发展的全面深刻影响，从而掌握知识、升华思想，培养理想人格。

孔子思想中"仁者爱人""为政以德"的思想对学生优良品德的形成有促进作用；"己所不欲，勿施于人"，引导学生从小就懂得换位思考，做事情多考虑他人感受；正确分析孔子"克己复礼"的主张，引导学生平等待人、学会尊重，使学生在历史课堂上收获人生感悟，将中华优秀传统文化的精华和价值展示出来，帮助学生树立优良品德。

同时，通过课上、课后的互动，进一步使学生与教师之间产生心理上的共鸣。这样才能调动学生的积极性、主动性，培养他们的求知欲和好奇心，师生情感相互交流与激荡，为课堂增添了丰富的内涵，创设了明快、爽朗、感人的氛围。

参观云南博物馆记

宝安实验学校九年级（8）班　易新龙

暑假里，我去昆明参观了云南省博物馆。

在博物馆外有一种红色的花，将博物馆点缀得十分美丽。馆门前约12米处耸立着一面鲜红的国旗，在风中飘扬。

馆内藏品可谓是琳琅满目，讲解员介绍着每一件陈列的藏品，让我目不暇接。在关于云南历史的房间里，我看见了许多以前用于祭祀的青铜器，给人一种原始的狂野和冲动。用来储存东西的器皿全都精美无比，让人不禁感叹古人巧夺天工的技艺。这些藏品再加上墙上的那些字画，将曾经的云南完美地展现在游客眼前。在博物馆出口处，有许多精巧美丽的玩偶，让人在感叹的同时，也不禁想将它们细细把玩。

两小时后，我离开了博物馆，留下了回忆，带走了一枚美丽的纪念币。

教师寄语

云南深厚的文化底蕴和多彩的民族传统文化令人向往。去云南旅行，你选择了博物馆这个地点是有智慧的。博物馆典藏能代表当地传统文化和特色的精华，参观博物馆能对当地民族与传统文化有更直观和深刻的感受、体验。看到你的字里行间流露出许多的美好与感触，此行十分有意义。

陈学娟老师

2018年10月8日

参观上海博物馆记

宝安实验学校九年级（8）班　徐文祺

　　这个暑假，我去上海游玩，参观了一座古代艺术博物馆，也是中国四大博物馆之一——上海博物馆。

　　上海博物馆馆藏精品十分丰富，摆满了整整四层楼，而且有许多珍品尚在库存，没有展出，令人惊叹。在馆内，我有幸见到了一件举世闻名的宝物——大克鼎。它是西周的一件青铜器，极为精美。我在那里驻足了很久，细细地观赏这件宝物，看到它内部刻着密密麻麻的铭文，不禁由衷地感叹古人的智慧与技术的高超，并与它合影留念。此外，我还欣赏到了王羲之、郑板桥的书法与唐寅的书画。他们的风格各不相同，都能独树一帜，在中国书法界有着巨大的影响力。

　　在上海博物馆顶楼，我被中国古代钱币馆所吸引。进去参观，从战国时类似刀一样的钱币，到各个朝代的铜钱、银锭、金子、做钱币的工具等，还有新中国成立前的纸币、硬币，应有尽有，令我目不暇接。其中，我最喜欢唐朝的开元通宝铜钱。

　　面对这些过去只能在电视节目上见到的珍贵文物，我激动的心情久久不能平复。从这些文物中，我领略到了中国各个朝代的风情与独特的文化内涵。上海博物馆的游览，使我的这次上海之行更为充实。

教师寄语

　　若要了解一个地方的文化，特别是传统文化，去当地的历史博物馆是不错的选择。几千年的文明在这里再现，身临其境，博古观今。所以，你这个暑假的上海之行肯定收获很大吧！

陈学娟老师

2018年10月8日

我最喜欢的历史人物——王昭君

宝安实验学校九年级（8）班　林倩菱

王昭君

中华五千年的历史，有无数英雄豪杰，我却只喜欢她——王昭君。

北方匈奴首领主动来到汉朝，对汉朝称臣，要求和亲以结友好。她勇敢地挺身而出，为国之大计做贡献，也因此挽救了无数条生命，平息了无数场战争。

那天，她迎着雪花启程，成了大漠中最美的新娘。在清冷的月夜中，她拿起自己的琵琶，弹奏心中的思念；在飘舞的雪花中，她穿起一串串泪珠，化为一只不能南归的大雁。

王昭君用她自己的故事留下了一段传奇，她无私、伟大的形象在我的心中永远挥之不去。

中篇
实践

教师寄语

    沉鱼落雁，闭月羞花，四大美人中，你独爱昭君，可见你内心住着一位爱国、民族大义在先、愿付出、忍耐、可成大业的女子，了不起！小小年纪便有如此高的境界，我很钦佩，我想你将来也必定是一位出色、有情怀、有追求的女子！

陈学娟老师

2018年10月8日

唐太宗——李世民

宝安实验学校九年级（8）班　陈欣

一、经典成就

1. 贞观之治

唐太宗即位后，居安思危，任用贤良，虚怀纳谏，实行轻徭薄赋、舒缓刑法的政策，并且进行了一系列政治、军事改革，终于促成了社会安定、生产发展的升平景象，史称"贞观之治"。

2. 安定边疆

灭东突厥，俘虏颉利可汗；平定高昌，置安息都护府，被少数民族尊称为"天可汗"；送文成公主和亲吐蕃赞普松赞干布，促进了汉藏两族间的经济文化交流。

二、人物评价

（1）不拘一格降人才：珍惜人才，识才、爱才。

（2）独具慧眼：了解自己的力量不足，要与人合作。

（3）胸怀大局：四海统一的民族政策和外交政策。

（4）完善科举：兴办学校，重视文化，培养人才。

（5）倡导廉政：节俭、朴素，不滥用民力，注重与民休息。

（6）对外开放：走出国，对外交流。

（7）总体上看是位好皇帝，大局上看是位杰出人物，作出了贡献，留下了辉煌的成绩。

教师寄语

　　与你一样，从小时候直到现在，我都十分喜爱唐太宗，并因为喜欢他而爱上历史这个学科。看到你的人物评价，从你列出的唐太宗方方面面的政绩和特点，可见你对他的了解是全面而客观的，很立体。若不是真喜欢，很难达到这样高的境界和水平。欣赏你的才情，为你点赞！

陈学娟老师

2018年10月8日

《品读革命家书，弘扬革命传统教育》案例节选

冯威娜

"忘记过去就意味着背叛。"中国近代史是一部外来侵略史，也是一部抗争史和探索史。各阶层的爱国志士自觉地承担起挽救中华民族、捍卫国家独立的重任，不惜抛头颅、洒热血。在中学历史教学中，循着中国近代史的发展，渗透革命传统教育，使学生了解中国人民反对外来侵略和压迫、反抗腐朽统治、争取民族独立和解放、前赴后继、浴血奋战的精神，使学生知道今天的幸福生活来之不易。

在中国近代史《辛亥革命》的学习中，我节选了革命烈士林觉民在1911年4月24日晚写给妻子陈意映的一封绝笔信中的部分内容，让学生基于核心素养对家书进行品读，主要从时空观念、史料实证、家国情怀等方面进行分析，从而弘扬革命传统教育。

背景介绍：

1911年，林觉民受同盟会第十四支部派遣回闽，联络革命党人、筹集经费、招募志士赴广州参加起义。他依依不舍地告别家人，率第一批义士从马尾港上船赴香港。广州起义（又称黄花岗起义）的前三天，即4月24日，林觉民与战友在香港滨江楼同宿。待战友们入睡后，他想到自己的弱妻稚子。他和妻子的婚姻虽然是父母包办，但两人感情深厚，琴瑟和鸣。对于即将到来的生死未卜，林觉民在一块白方巾上给妻子陈意映写下这封最后的家书。

教师播放电影《辛亥革命》的剪切视频，渲染革命气氛。

学生观看视频，对林觉民及其《与妻书》有初步的印象。

教师：品读前先给大家介绍林觉民。林觉民出生在福州安稳富足的大户人家，他天性聪慧，掌握中、日、英、德四种语言，是个典型的学霸。本可用学识救中国，同代学霸有很多人后来都在各自的领域成就巨大，但他却选择了并无获胜希望的持枪上阵，选择了革命。

教师：刚刚电影《辛亥革命》的视频中给大家呈现的是林觉民的家书《与妻书》。在中国近代史中，有很多像林觉民的英雄志士，但他们也是普通人，也有丰富的感情世界，面对国家危难他们如何抉择？下面我们来品读林觉民的《与妻书》。

◎ 展示家书：

意映卿卿如晤：

吾今以此书与汝永别矣！吾作此书时，尚为世中一人；汝看此书时，吾已成为阴间一鬼。吾作此书，泪珠和笔墨齐下，不能竟书而欲搁笔……

吾至爱汝！即此爱汝一念，使吾勇于就死也！吾自遇汝以来，常愿天下有情人都成眷属，然遍地腥云，满街狼犬，称心快意，几家能彀？司马青衫，吾不能学太上之忘情也。语云，仁者"老吾老，以及人之老；幼吾幼，以及人之幼"。吾充吾爱汝之心，助天下人爱其所爱，所以敢先汝而死，不顾汝也。汝体吾此心，于悲啼之余，亦以天下人为念，当亦乐牺牲吾身与汝身之福利，为天下人谋永福也。汝其勿悲！

……

吾诚愿与汝相守以死。第以今日事势观之，天灾可以死，盗贼可以死，瓜分之日可以死，奸官污吏虐民可以死，吾辈处今日之中国，国中无地无时不可以死！到那时使吾眼睁睁看汝死，或使汝眼睁睁看我死，吾能之乎？抑汝能之乎？即可不死，而离散不相见，徒使两地眼成穿而骨化石，试问古来几曾见破镜能重圆？则较死为苦也，将奈之何？今日吾与汝幸双健。天下人不当死而死与不愿离而离者，不可数计，钟情如我辈者，能忍之乎？此吾所以敢率性就死不顾汝也。吾今死无余憾，国事成不成，自有同志者在。依新已五岁，转眼成人，汝其善抚之，使之肖我。汝腹中之物，吾疑其女也，女必像汝，吾心甚慰。或又是男，则亦教其以父志为志，则吾死后尚有二意洞在也。甚幸，甚幸！吾家后日当甚贫，贫无所苦，清静过日而已。

……

吾生平未尝以吾所志语汝，是吾不是处；然语之，又恐汝日日为吾担忧。吾牺牲百死而不辞，而使汝担忧，的的非吾所忍。吾爱汝至，所以为汝谋者惟恐未尽。汝幸而偶我，又何不幸而生今日之中国！吾幸而得汝，又何不幸而生今日之中国！卒不忍独善其身！嗟夫！巾短情长，所未尽者，尚有万千，汝可模拟得之。吾今不能见汝矣！汝不能舍吾，其时时于梦中寻我乎！一恸！

辛亥三月念六夜四鼓，意洞手书。

家中诸母皆通文，有不解处，望请其指教，当尽吾意为幸。

学生甲：林觉民是革命烈士，也是一个普通人，也有丰富的感情世界。林觉民写这封信的时候，年近二十五岁，风华正茂，临巾絮语，也正当儿女情长。但他牺牲了个人幸福，义无反顾地为革命献身。

学生乙：作为一位矢志拯救国家民族的革命者，林觉民在尽情倾诉夫妻之间至爱的同时，畅叙了儿女情必须服从革命事业，将一己之爱扩展到普天下人之爱。

学生丙：在这封绝笔信中，林觉民委婉曲折地表达了自己对妻子的深情和对处于水深火热中的祖国深沉的爱。他把家庭幸福、夫妻恩爱和国家前途、人民命运联系在一起，把对妻子、对亲人的爱和对国家人民的爱连为一体，阐述了一个深刻的道理：没有国家和人民的幸福，就不会有个人的真正幸福。

教师：在死与生、国与妻不可两全的年代，林觉民选择了死，为国而死，死得其所，这就是为革命献身的精神。

在中国近代史革命中，那一封封革命家书是老一辈革命家和革命先烈留给后人的精神财富。品读革命家书，见证着面对西方列强侵略中国人的反抗并最终取得民族独立的历史进程，也为无数革命烈士的坚定信念而感动。基于核心素养下的家书品读，不仅落实了历史学科核心素养下的史料实证和家国情怀，又弘扬了革命传统教育。

中篇
实践

《品读经典家书，渗透传统美德
教育》案例节选

冯威娜

在中国近代史学习中，面对列强侵华，概述晚清时期中国人民反抗外来侵略的斗争事迹时，其中涉及晚清的一些重要名臣。比如，曾国藩在清道光二十年至同治十年前后撰写的致祖父母、父母、叔父母、诸弟、妻子及儿辈的家信，小到家庭生计，大到治国带兵，涵盖修身、为官、处世、教子、养生等方方面面，所涉及的内容极为广泛。作为历史课堂教学，可以从晚清曾国藩所写家书中选取部分经典名句语录进行品读，从而渗透传统美德教育。

在中国近代史的学习中，我节选了曾国藩家书以下部分内容进行历史课堂教学，从中渗透传统美德教育。

一、传统美德之"有恒"教育

教师：作为一名晚清名臣，曾国藩是怎么看待读书呢？怎样才能读书有成？

出示材料：

盖士人读书，第一要有志，第二要有识，第三要有恒。

——曾国藩《曾国藩家书》

学生：曾国藩在家书中强调，文人读书，第一要有志向，第二要有知识，第三要有恒心。

教师：这三点中，"守恒"是曾国藩尤为看重的，就是"专一"二字。这乍一看像是老生常谈，但多读几遍，便有传说中如芒在背的感觉，同样的道理为什么一代代人都在不断强调呢？我们可以借助曾国藩的另一句话找到答案。

出示材料：

曾国藩在致九弟的一封信中讲：

凡人做一事，便须全副精神注在此一事，首尾不懈，不可见异思迁，做这样，想那样，坐这山，望那山。人而无恒，终身一无所成。

教师：请尝试谈一谈对此家书的理解。

学生甲：人要坚持，要有恒心，否则会一事无成。

学生乙：人生唯有常是第一美德，只有"守常"，才能获得成效。

教师：做到有恒，既是易事，又是难事。简单在于人人都可做，难就在于难坚持。坚持几天可以，几个月也可坚持，但坚持几年、十几年，甚至一辈子就难了。

出示材料：

诸弟在家读书，不审每日如何用功？余自十月初一立志自新以来，虽懒惰如故，而每日楷书写日记，每日读史十页，每日记茶余偶谈一则，此三事未尝一日间断。十月二十一日立誓永戒吃水烟，洎今已两月不吃烟，已习惯成自然矣。予自立课程甚多，惟记茶余偶谈、读史十页、写日记楷本，此三事者，誓终身不间断也。

——曾国藩《曾国藩家书》

学生甲：曾国藩一生练字、读史和写读书笔记，从未间断，这得多有恒心啊！

学生乙：曾国藩日日不断地读书、写字和做笔记，让人佩服。如果今天我们学习也能持之以恒的话，应该也会有一定的进步。

过渡：曾国藩的家书除了传统美德之"有恒"外，里面还蕴含着高尚的道德修养之"与人为善"。

二、传统美德之"与人为善"教育

出示图片与材料：

曾国藩手迹原稿影印（同治二年正月二十一日）

思古圣人之道莫大乎与人为善。以言诲人，是以善教人也；以德熏人，是以善养人也，皆与人为善之事也……君相之道，莫大乎此；师儒之道，亦莫大乎此。仲尼之无常师，即取人为善也；无行不与，即与人为善也。为之不厌，即取人为善也；诲人不倦，即与人为善也。

——曾国藩《曾国藩家书》

学生甲：曾国藩认为古代圣贤的最高道德就是与人为善，做人要向善。

学生乙：曾国藩不仅强调给予别人善，如以自己的言说教化别人、以自己的德性熏陶别人，还强调自己的善有限，还需要别人的善，即别人的善给予我、我的善给予别人。

学生丙：曾国藩在家书里还提到求学中与人为善。比如，孔子的与人为善，即走到哪就传道到哪，教导别人不觉疲倦，这是孔子的与人为善。另外，孔子求学不厌，这也是孔子的与人为善。我们同学之间在学习中也应该与人为善，即三人行，必有我师；不耻下问，互相帮助。

教师：通过对《曾国藩家书》的品读，我们见识到了曾国藩的"有恒"

和"与人为善"。曾国藩的一生，谦虚诚实，教子有方，不仅培养出三位堪为大将之才的弟弟，而且培养出两位好儿子：长子曾纪泽，是中国近代著名的外交家；次子曾纪鸿，是中国近代杰出的数学家。他的孙辈也出了曾广钧这样的诗人；曾孙辈又出了曾昭抡、曾约农这样的学者和教育家。

曾国藩所写家书小到家庭生计，大到治国带兵，涵盖修身、为官、处世、教子、养生等方方面面。今天我们选读的只是一小部分，同学们可以课外再去图书馆借阅《曾国藩家书》进行品读。

以上便是中学历史课堂中对《曾国藩家书》节选的品读。通过品读家书、史料互证等形式，向学生展示了《曾国藩家书》里提倡的传统美德，充分重视历史学科的功能，寓传统美德教育于历史教学之中，使中华民族的传统美德得到继承并发扬光大。

寻找高中历史教科书中的"中国元素"

吴浩亮

一、教学活动设计

（一）选题背景

"中国元素"在传统文化课程中具有独特的价值，当前各种经济文化品牌运用"中国元素"也成为一种十分流行的全球本土化战略方案。因此，本课具有很强的现实意义。在教科书中寻找"中国元素"，一方面可以让学生更熟悉教科书的内容；另一方面从更多的角度使用教科书，激发学生的想象力和创造力，为下一步的传统文化创作积累素材。

（二）课程设计

1. 课程目标

学生在自主分组的基础上分析整理高中历史教科书中的"中国元素"，提高学生对传统文化的辨识能力，深化学生对传统文化内涵的认识。

2. 课程实践

《寻找高中历史教科书中的"中国元素"》课型为探究活动课，设计为1课时。

二、活动组织与实施

（一）准备活动

作为课后作业，学生分组分类完成。

全班归类填写下表：

主题	类别	分类及在教科书中的位置和涉及的历史知识
高中历史教科书中的"中国元素"	符号	如意、祥云、长命锁、绣球、古钱、八吉祥、宝灯等。 例如，在目录及每一课的左上角都有"祥云"符号，祥云属于"中国元素"符号，代表好的预兆，表示对未来美好的祝愿。古代人们把祥云的图案画在服饰、玉佩、雕塑上面，以此表示美好的祝愿。通常裙褂上面的祥云都是五色的，即五彩祥云，喻意五谷丰登。从大局上说，就是国泰民安
	文字	福、吉、和、寿、禄及书法等
	人物	观音、弥勒、飞天、戏曲人物（生旦净末丑）、古典小说人物、罗汉、中国文人等
	植物	牡丹、莲花、梅、兰、竹、菊、海棠、石榴、桃子、葫芦等
	动物	龙、仙鹤、狮、虎、麒麟、仙鹤、鸳鸯、鱼、蝙蝠等

（1）成立活动小组，对小组负责分项进行材料收集。

（2）进行小组会议，对收集的内容进行整理，总结收集内容涉及的历史知识。

（3）做好课堂展示的准备。

（二）课堂教学活动

1. 符号小组展示

在必修二第一单元第3课《古代商业的发展》中，我们找到了汉朝货币和唐朝货币的图片（古钱）。

汉朝货币

唐朝货币

符号小组介绍：

以上两个图案中的实物都叫方孔钱。方孔钱是我国古代钱币的俗称。方孔钱是中间有方孔的圆形钱币，由环形钱演变而来，成为我国古代铜钱的固定形式。方孔钱以秦的半两钱为最早，在我国沿用了2000多年，是中国古代钱币中最常见的一种。由于发行时间和发行量均远超其他种类的钱币，方孔钱和中国古钱币两个概念经常等同。

（1）方孔铜钱应天圆地方之说。古代人们认为天是圆的、地是方的，所以秦时铸钱以此为型。

（2）携带方便。把铜钱盘起来缠绕腰间，既方便携带又安全，"盘缠"一词即来源于此。

（3）有做人的道理蕴含其中。铜钱为外圆内方，做人也需要如此。

（4）钱币铸造好后用方钎插入孔中，便于打磨外沿。

由于人们对财富的追求，方孔钱的形状便化为中国传统文化中"钱"的象征。

现实中也有人用这种元素设计大厦。

沈阳的方圆大厦

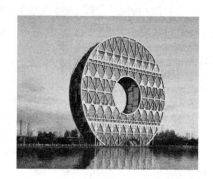

广州圆大厦

2. 文字小组展示

在必修三第三单元第10课《充满魅力的书画和戏曲艺术》中，我们找到了天下第一行书——王羲之的《兰亭序》（书法）、天下第二行书——颜真卿的《祭侄文稿》（书法）。

天下第一行书——王羲之的《兰亭序》摹本

《祭侄文稿》

另外，我们还找到了几幅近现代中国革命人士的字，代表了伟大的革命家们对传统文化的传承。

孙中山手书同盟会纲领　　　　　毛泽东题词

文字小组介绍：

中国书法是一门古老的汉字书写艺术，从甲骨文、石鼓文、金文（钟鼎文）演变而为大篆、小篆、隶书，定型于东汉、魏、晋的草书、楷书、行书等，一直散发着艺术的魅力。中国书法是一种很独特的视觉艺术，汉字是中国书法中的重要因素。中国书法是在中国文化里产生、发展起来的，而汉字是中国文化的基本要素之一。以汉字为依托，是中国书法区别于其他书法的主要标志。

中国的历史文明是一个历时性、线性的过程，中国的书法艺术在这样的时代背景下展示着自身的发展面貌。在书法的萌芽时期（殷商至汉末三国），文字经历甲骨文、古文（金文）、大篆（籀文）、小篆、隶（八分）、草书、行书、真书等阶段，依次演进。在书法的明朗时期（晋南北朝至隋唐），书法艺术进入了新的境界，由篆隶趋于简易的草行和真书，成为该时期的主流风格。大书法家王羲之的出现使书法艺术大放异彩，他的艺术成就在唐朝倍受推崇。同时，唐朝书法家蜂拥而起，如虞世南、欧阳询、褚遂良、颜真卿、柳公权等名家，在书法造诣上各有千秋、风格多样。经历宋元明清，中国书法成为一个民族符号，代表了中国文化的博大精深和民族文化的永恒魅力。

3.人物小组展示

在必修三第三单元第10课《充满魅力的书画和戏曲艺术》中，我们找到了京剧图谱《同光十三绝》及课本中提及的《洛神赋图》（部分）。

《同光十三绝》

《洛神赋图》（部分）

人物小组介绍：

《同光十三绝》是晚清画师沈容圃绘制于清光绪年间的工笔写生戏画像。该画作参照清代中期画家贺世魁所绘《京腔十三绝》中的戏曲人物，用工笔重彩绘制而成。正如景孤血在《题十三绝图咏》中所评："墨彩如生，吹气欲活。"

《同光十三绝》绘有老生、武生、小生、青衣、花旦、老旦、丑角，均是画家选择清代同治、光绪年间徽调、昆腔的徽班进京后扬名的13位著名京剧演员。该画原图高约三尺，长有丈余，所绘人物形态自然，各具表情，衣帽须眉真实细腻。通过绘画中演员之扮相、面部之表情及服饰之特点等，生动地展现每位演员的人物性格特点，此画的诞生又为研究京剧早期的服饰、扮相和各行角色的艺术特征留下了极为珍贵的形象资料。

《洛神赋图》是顾恺之在某一天偶然读到友人送来的三国时代（220～280）文学家曹植写的《洛神赋》有感而作。曹植的原文借对梦幻之境中人神恋爱的追求，抒发了爱情失意的自我感伤。顾恺之以其丰富的想象力和艺术才能对文学作品进行再创造，传达出无限惆怅的情意和哀伤的情调，将曹植《洛神赋》的主题思想表达得完整而和谐。顾恺之巧妙地运用各种艺术技巧，将辞赋中曹植与洛神之间的爱情故事表达得纯洁感人、浪漫悲哀。画面奇幻而绚丽，情节真切而感人，富有浪漫主义色彩，充满了飘逸浪漫、诗意浓郁的气氛。

中篇

实践

在《洛神赋图》中，顾恺之充分发挥了艺术想象力，将文学作品中的情感形象表现为画面上具体的形象，表现出《洛神赋》中充满诗意幻想的浪漫意境。随着画卷展开，观者在画家思路的引导下，思想情感不由自主地随着人物的心情或惊喜或悲痛。画家根据辞赋中的内容展开艺术联想，塑造出画卷中嬉戏的众神仙，如鹿角马面蛇颈羊身的海龙、豹头模样的飞鱼、六龙驾驶的云车等综合而成的形象。这些奇禽异兽的形象穿插在山川、树木、流水等自然景物之间，与众神仙、洛神和岸上的人物形成了动静对比，又拉开了空间距离，营造出奇异缥缈的幻觉境界和优美抒情的浪漫情怀。

4. 植物小组展示

在必修三第三单元第10课《充满魅力的书画和戏曲艺术》中，我们找到了《墨梅图》和《墨兰图》。

《墨梅图》

《墨兰图》

植物小组介绍：

花中四君子，即中国古诗词中常提到的梅、兰、竹、菊。梅，迎寒而开，美丽脱俗，而且具有傲霜斗雪的特征，是坚韧不拔的人格的象征；兰，一则花朵色淡香清，二则多生于幽僻之处，故常被看作是谦谦君子的象征；竹，经冬不凋，且自成美景，它刚直、谦逊、不亢不卑、潇洒处世，常被看作不同流俗的高雅之士的象征；菊，不仅清丽淡雅、芳香袭人，还艳于百花凋后，不与群芳争艳，历来被用来象征恬然自处、傲然不屈的高尚品格。

《墨梅图》《墨兰图》都是文人画。文人画泛指中国封建社会中文人、士大夫所作之画。明代董其昌称其为"文人之画"，以唐朝王维为其创始者，并且为南宗之祖。别于画院待诏、祗候等所作的院体画。明朝唐寅《六如画谱·士夫画》中说："赵子昂问钱舜举曰：'如何是士夫画？'舜举答曰：'画家画也。'"但旧时也往往借此抬高士大夫阶层的绘画艺术，鄙视民间画工及院体画家。唐朝张彦远在《历代名画记》曾说："自古善画者，莫非衣冠贵胄，逸士高人，非闾阎之所能为也。"此说影响甚久。近代陈衡恪则认为："文人画有四个要素：人品、学问、才情和思想，具此四者，乃能完善。"

通常文人画多取材于山水、花鸟、梅兰竹菊和木石等，借以抒发"性灵"或个人抱负，间亦寓有对民族压迫或对腐朽政治的愤懑之情。他们标举"士气""逸品"，崇尚品藻，讲求笔墨情趣，脱略形似，强调神韵，很重视文学、书法修养和画中意境的缔造，是中国传统文化元素中不可或缺的一部分。

5.动物小组展示

在必修一第一单元第2课《秦朝中央集权制度的形成》、第4课《明清君主专制的加强》中，我们找到了"阳陵虎符"和明太祖朱元璋衣服胸前"龙"的图案。

阳陵虎符

明太祖朱元璋

动物小组介绍：

阳陵虎符相传于山东省临城出土，现藏于中国国家博物馆。虎符为古代帝王调动军队之信物，授予地方官吏或者统兵将领以兵权。即以虎符的左半授予将领，待要调动军队时，派使臣持虎符的右半前往驻地。地方官吏或统兵将领将两半虎符对合，验明无误，即应发兵。虎符盛行于战国、秦、汉。此件铜质，为汉景帝授予驻守阳陵将领之虎符。因年代已久，对合处生锈，现左右不能分开，整体形成一件艺术品。虎符伏梁，首前视，曲尾上翘，字体谨严浑厚，风格端庄，笔法圆转，具有很高的艺术性。

龙袍，即皇帝的朝服，上面绣着龙形图案，是皇帝专用之物，又称龙衮，其特点是盘领、右衽、黄色。此外，龙袍还泛指古代帝王穿的龙章礼服。龙袍上的各种图案历代有所变化。据史籍记载，皇帝的龙袍上都绣有九条金龙，胸前、背后各一，左右两肩各一，前后膝盖处各二，还有一条绣在衣襟里面。

为什么龙袍要绣九条龙呢？因为古代帝王受《周易》的影响，崇尚"九五至尊"。《易·乾》中说："九五，飞龙在天，利见大人。"意思是说这条龙已经飞上天了，表示达到了最高境界。也正是因为这个缘故，皇室建筑、家具陈设和生活容器等多用九和五两个数字。

中国古代常常用动物作为象征，虎这种顶级猛兽常常作为军队的象征，强调"君权神授"的封建君主则用想象出来的龙（神兽）作为象征。后来，龙的形象慢慢转化为整个中华民族的象征。

　　"中国元素"的概念归纳起来有三个层面：第一，从符号层面定义"中国元素"的外在视觉表征，可将"中国元素"归纳成动物、人物、文字、建筑景观、色彩等多种类别；第二，从观念层面明确"中国元素"的内核，是指"中国几千年发展、积淀下来的无形的思想精髓"；第三，从文化层面进行理解，强调"中国元素"是根植于社会语境中的、与时俱进的文化系统，兼具外在有形符号和内在无形精神两个方面。

　　例如，对"龙"的理解，只理解第一层面的人可能会在身上文一个"龙"字，但并不理解中国传统文化"龙"的含义；第二层面的人从中华民族的历史中明白"龙"的来源与象征；而第三层面的人理解为龙的传人是中国人的自称。龙的形成记录了古代民族发展的聚合过程，龙文化已成为东方文化的重要组成部分，为人类文明作出了巨大贡献，中国人常引以为豪。中华民族有着极强的凝聚力与团结统一的优良传统。在历史的长河中，世界上有不少民族消亡了，其中不乏曾为人类进步作出过杰出贡献的民族。而中华民族数千年来，虽经历严酷斗争而不解体，并日益繁荣，就是因为有一个光辉的整体形象，有一个团结奋进的精神纽带，起着维系和向心的作用。

　　中国人对龙定义为："能大能小，能升能隐。大则吞云吐雾，小则隐介藏形，升则飞腾于宇宙之间，隐则潜伏于波涛之内。龙乘时变化，犹人得志而纵横四海。龙之为物，可比世之英雄。夫英雄者，胸怀大志，腹有良谋，有包藏宇宙之机，吞吐天地之志者也。"

　　中华大地上到处可以看见"龙"，从赛龙舟、舞龙灯，到龙的绘画、龙的雕刻、龙的旗帜等。龙深深扎根于中国人的心中，成为中华民族的象征。龙的传说历史悠久，商代甲骨文中已有结构完备的"龙"字，龙的图案和传说可追溯到更遥远的史前文化。一般认为，传说中各种各样的龙其实都是远古时代中华民族的图腾。人们推测，以蛇为图腾的部落不断战胜、融合其他部落，逐渐形成了中华民族，其图腾也兼取其他部落图腾的特点，以角似鹿、头似牛、嘴似驴、眼似虾、耳似象、鳞似鱼、须似人、腹似蛇、足似凤，最后拼合成中华民族共同崇拜的形象——龙。龙体现了中华各部落的大联合、大团结，在人们心目中具有的强大生命力，也是中华民族不可估量的象征。

教师引导学生从其他类别理解"中国元素"三个层面的含义。

三、教学总结与反思部分

本课尝试让学生从教科书中寻找中国传统文化的外在表现——中国元素，目的在于引导学生从抽象的传统文化迁移到日常课本阅读的"中国元素"，多角度观察课本，丰富学生的多种学习方式及信息材料收集手段，旨在进一步培养学生思维的连贯性、变通性和发散性，为后面的"中华优秀传统文化元素再创作"积累元素。本课预设难度不大，但中国元素的三个层面学生不一定能深刻理解和接受，教师要适当举例类推。如果学生不能达到第三层面的理解，所创作的作品会止于表面。

中国古代民居元素欣赏与再创作——主题综合实践案例

吴浩亮

一、教学活动设计

（一）选题背景

中华民族有悠久的历史，在历史的长河中，我们的祖先留下了源远流长、博大精深的文化艺术。建筑又称凝固的艺术，古建筑中往往凝聚着一个民族的审美、文化、技术和价值观，民居则是最具代表性的建筑。了解中国古代民居的演变，理解它存在的意义，提炼古代民居元素并结合现代元素进行再创作，是当代学生传承中华优秀传统文化的有效途径。我任教美术特长班，学生美术功底相对较好，为此课的推进提供了便利。

（二）课程设计

1. 课程目标

通过上网、阅读书籍、实践活动、调查访问等途径收集中国古建筑的素材，让学生对中华优秀传统文化有了更深的了解，拓展知识面，认识中华优秀传统文化的博大精深和发展。

学生在自主分组的基础上合作、探究，在调查访问、分析整理、搜集资料、汇报交流中整合收集到的中国古建筑素材，尝试结合现代元素再创作，锻炼学生的创作实践能力，把学、思、行三者相结合。

2. 课程实践

单元与课型设计："中国古代民居元素欣赏与再创作"主题活动共分为四个环节。

第一环节：准备活动（在暑假分组、分类布置学生按古代民居分地域进行图片和历史信息收集）。

第二环节：课堂教学活动，共2课时（问题研讨课、主题辩论课）。

第三环节：创作活动，共1课时（创作设计课）。

第四环节：创作成果评比展示活动，共1课时（成果展示课）。

二、活动组织与实施

（一）准备活动

时间安排在暑假，学生分组、分类完成。

全班归类填写下表：

主 题	分地域收集
中国古代民居	北京民居（四合院）
	山西民居（乔家大院）
	广东民居（镬耳屋）
	福建民居（福建土楼）

（1）成立活动小组，对小组负责的建筑类进行材料收集。

（2）进行小组内部网络会议，对收集的内容进行概括，总结收集内容与教科书内容的相关之处，对中国古建筑元素的共同特征进行初步提炼。

（3）做好课堂展示的准备。

（二）课堂教学活动

1. 民居小组展示

北京民居（四合院）、山西民居（乔家大院）、广东民居（镬耳屋）、福建民居（福建土楼）等。

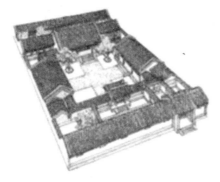

北京四合院

乔家大院

镬耳屋

福建土楼

学生介绍：

四合院，又称四合房，是中国一种传统的合院式建筑，其格局为院子四面建有房屋，从四面将庭院合围在中间，故名四合院。四合院至少有3000多年的历史，在中国各地有多种类型，其中以北京四合院最为典型。四合院通常为大家庭所居住，提供了对外界比较隐秘的庭院空间，其建筑和格局体现了中国传统的尊卑等级思想以及阴阳五行学说。与必修一的宗法制度以及必修三的儒家、阴阳家思想有一定相关。

乔家大院，又名在中堂，位于山西省祁县乔家堡村，始建于1756年，整个院落呈双"喜"字形，分为6个大院，内套20个小院，313间房屋，建筑面积4175平方米，三面临街，四周是高达10余米的全封闭青砖墙，大门为城门式洞式，是一座具有北方传统民居建筑风格的古宅。乔家大院设计之精巧、工艺之精细，体现了清朝民居建筑的独特风格，具有相当高的观赏、科研和历史价值，是一座无与伦比的艺术宝库，被称为"北方民居建筑的一颗明珠"，素有

中篇

实践

"皇家有故宫，民宅看乔家"之说，名扬三晋，誉满海内外。与教科书必修二的清朝商帮的产生发展内容相关。

镬耳屋是岭南传统民居的代表，多用青砖、石柱、石板砌成，外墙壁均有花鸟、人物图案。因其山墙状似镬耳，故称"镬耳屋"。粤北客家等地称为"云墙"或者是"茶壶环"。镬是古时的一种大锅。因此镬耳屋亦称"锅耳屋"。镬耳屋象征着官帽两耳，具有"独占鳌头"之意，唯有功名的乡绅方能采用，也是家境殷实的象征。明清两朝，只要是发了财的村民都会建造一所镬耳屋，以显示其富有与气派。间或也有以蠔壳代替青砖建造的镬耳屋，很有特色，据说冬暖夏凉。与教科书中必修一的科举制度、必修二的经济重心南移相关。

福建土楼因大多数为福建客家人所建，故又称"客家土楼"。土楼产生于宋元，成熟于明末、清朝和解放以前。以土、木、石、竹为主要建筑材料，利用未经焙烧的土并按一定比例的沙质黏土和黏质沙土拌合而成，用夹墙板夯筑而成的两层以上的房屋。福建土楼作为福建客家人引为自豪的建筑形式，是福建民居中的瑰宝，同时又揉进了人文因素，堪称"天、地、人"三方结合的缩影。数十户、几百人同住一楼，反映客家人聚族而居、和睦相处的家族传统。因此，一部土楼史便是一部乡村家族史，土楼的子孙往往无须族谱便能侃侃道出家族的源流。与必修二的中国古代人口迁移、经济重心南移，以及必修三的儒道两家文化相关。

中国古代民居反映出与各族人民的生活生产方式、习俗、审美观念密切相关的特征。由于各地的自然条件和地理环境不同，因而民居的平面布局、结构方法、造型和局部特征也就不同，呈现出淳朴自然而又各具特色。在民居中，各族人民常把自己的心愿、信仰和审美观念和自己最希望、最喜爱的东西，用现实的或象征的手法反映到民居的装饰、花纹、色彩和样式等结构中。如汉族的鹤、鹿、蝙蝠、喜鹊、梅、竹、百合、灵芝、万字纹、回纹等，云南白族的莲花、傣族的大象、孔雀、槟榔树图案等，这就导致各地区、各民族的民居呈现出丰富多彩、百花争艳的民族特色。

中国各个地区传统民居的主流是规整式住宅，以采取中轴对称方式布局的北京四合院为典型代表。北京四合院分前后两院，居中的正房体制最为尊崇，是举行家庭礼仪、接见尊贵宾客的地方，各幢房屋朝向院内，以游廊相连接。北京四合院虽是中国封建社会宗法观念和家庭制度在居住建筑上的具体表现，但庭院方阔、尺度合宜、宁静亲切、花木井然，是十分理想的室外生活空间。华北、东北地区的民居大多是这种宽敞的庭院。民居建筑不像官方建筑有一套程序化的规章制度和做法，可以根据当地的自然条件、经济水平和建筑材料特点，因地因材建造房子。

2. 小组调查

各小组对其调查提出感受或疑问，继而提出建议，充实资料。教师相机予以点拨、引导，特别提示学生研究不到位的问题。

3. 教师总结

总结暑假信息收集活动的情况，以鼓励为主，根据学生小组的不同表现进行点评。

4. 整理成册

各小组长把本小组搜集的资料制作成"传统建筑文化集"（教师帮助整理、装订）。

（三）创作活动

教师：民族优秀传统文化需要传承，传承的最好办法是将其融合到当今的设计中去。优秀的设计往往能体现自己民族的文化思想，请同学们根据自己小组的调查，结合提炼出来的民族文化素材和现代元素进行创作。下图是设计师将现代风格与传统元素结合的创作，请大家欣赏。

香山饭店正面图

中篇
实践

香山饭店侧面图

北京香山饭店是由国际著名华裔建筑设计师贝聿铭先生主持设计的一座融中国古典建筑艺术、园林艺术、环境艺术为一体的四星级酒店。设计师试图"在一个现代化的建筑物上，体现出中国民族建筑艺术的精华"，表达建筑师对中国建筑民族之路的思考。建筑设计师用简洁朴素、具有亲和力的江南民居为外部造型，将西方现代建筑原则与中国传统的营造手法巧妙地融合成具有中国气质的建筑空间。

课堂现场要求各小组开展讨论创作，未能完成的小组课后再继续进行。

（四）创作成果评比展示活动

《古城民居印象》 作者：高二（19）班 相婕

《大唐民居印象》 作者：高二（20）班 李可慧

《壶中岁月》 作者：高二（19）班 郑源园

三、教学总结与反思部分

本课的设计以中国优秀传统文化中的古建筑——古代民居作为教学抓手，试图将中学历史教学中教学与实践的脱节部分连接起来。在进行活动组织时，也注意与平常的课堂教学相关联，目的是避免学生觉得活动课程与平常课堂无关、与高考无关。当今高考越来越明确根据教学大纲来考查学生的核心素养，即学生在接受相应学段的教育过程中逐步形成的适应个人终身发展和社会发展需要的必备品格和关键能力。本课在自主性、情境性、开放性、实践性、生成性、整合性方面都有体现。但从准备和课程实施来看，需要较长时间和学生充足的准备，特别是后面的创作环节，学生有可能因无法完成而产生挫败感。即使在美术特长班进行，也需要教师的指导，不建议在普通文科班进行。

文汇中学德育民族化开展现状

——一个班主任视角下的观察与思考

余 滨

目前，学校德育脱离实际的问题日益严重。从手段上来看，以智代德、以思想品德课代德育课的现象仍普遍存在，课程设置单一而又单调，空洞的说教已经难以达到引人向善的目的；从内容上来分析，过于强调灌输全球化的普世价值，但忽略了一个最重要的事实，即任何民族或国家的文化都具有内生根基与传承惯性。"当今世界，学校德育的全球化、现代化、民族化是一个非常重要的课题。在学校德育过程中，现代化应该是时代精神的民族化，民族化也应该是民族精神的现代化。"十八大报告中也明确提出，要大力弘扬民族精神和时代精神。

一、"德育民族化"的目的——"明明德，至至善"

何谓民族精神？有学者认为，优秀传统文化就是民族精神。

何谓优秀传统文化？"优秀传统文化就是历经长时间文明演化而汇集成的一种反映民族特质和风貌的优秀民族文化，是民族历史上各种起到积极作用，推动历史向前发展的思想文化、观念形态的总体表征。"

为什么要进行优秀传统文化教育？教育是弘扬民族精神的最好手段，并且"教育者有责任承担'优秀传统文化进校园'的神圣义务……重视个人道德品质的修养及行为的训练，强调学会做人，重视推己及人道德思维和行为方式的运用，这些无疑是中国传统文化的精华，更是学校德育的重要内容"。

2011年，文汇人经过深思熟虑，顺应时代的要求，率先在全国提出了"德育民族化"的课题，试图通过优秀传统文化的熏陶和习染达到公民思想道德教育的目的。德育民族化可以理解为根据一定的现实和未来需要，在遵循青少年身心发展规律的基础上，有目的、有计划地利用优秀传统文化影响受教育者，并灌输其符合社会主流的价值观、人生观、世界观的教育方式。

"传统文化注重的是幼儿养性、蒙童养正、少年养志、成人养德，是比较全面的做人做事的教育。"著名理学家朱熹把学校教育分为小学（8~15岁）、大学（16岁以后）两个阶段。无论小学还是大学，都以"明人伦"为目的。朱熹主张小学要学习"洒扫、应对、进退之节"，遵守"孝、悌、忠、信"等道德规范；大学要"明明德"，修身、齐家、治国、平天下。在充分参考了历史各个阶段对于公民道德教育内容后，文汇中学提炼出符合学校发展的核心价值理念——"明明德，至至善"，并把德育民族化的目标简化确立为传承优秀民族传统，培育未来中华脊梁。

二、德育民族化的现状——润物无声，形式多样

"中小学优秀传统文化教育内容异常丰富，单一的课程难以承担中小学优秀传统文化教育的重任，这就要求我们从多种方式、多种手段、多种途径来进行优秀传统文化教育。"文汇中学围绕"明明德，至至善"的核心价值理念，逐渐建立起全新的德育民族化体系，整个体系主要通过汲取优秀传统文化的养分，逐步形成了文汇特色的德育礼仪文化、德育"三餐"文化和班级育人文化三个重要的构成部分。在此基础上，学校还完善了配套的校园文化设施，从理念到课程、从行为到环境都刻进文化的记忆，充分发挥了环境的渗透功能，多方面、多渠道地对全体文汇师生进行熏陶、习染，以达到"处处是文化，人人是环境"的效果。

经过不断努力，文汇中学的德育民族化已经形成初步的系统理论，其重点是"读经典悟道，写汉字立人"。学校以"励志"为主线，分别在初中各年级开展"崇仁""尚礼""感恩"主题教育，精心打造"一书""两礼""三

餐""四教""五典""六节"的以弘扬优秀传统文化为目的的特色德育课程体系。具体构建如下：

"一书"是指全校师生共同读好"国学教育丛书"校本教材《大学》这一本书。

"两礼"是指初一新生入学礼和初三学生出学礼两个仪式。

"三餐"是指文化"三餐"，即早餐的"晨诵"、午餐的"午书"、晚餐的"晚课"。

"四教"是指国学教育的内容侧重于"文、行、忠、信"四个方面。

"五典"是指从我国传统典籍中的"诗""词""曲（歌）""赋（经典文）""言（俗语）"中精选编印"国学教育丛书"。

"六节"是指秉承传统文化精髓，着眼返本开新，着力打造中国特有的六大节庆文化（元宵节、清明节、端午节、先师节、中秋节、新年），使学生在体验本民族节日的过程中积累传统文化知识，增强对中华民族的归属感和自豪感。

三、德育民族化的实践——文化育人，班级育人

实践是检验真理的唯一标准。科学研究必须从实际出发，所以德育民族化研究要坚持以唯物辩证法为指导，以马克思主义民族理论为依据。德育民族化作为一个新的课题，其中许多概念和观点都是创新的产物。若不能从德育民族化的现状出发，就得不出科学的结论，不能为德育民族化的实现提供宝贵的意见。

班级是德育民族化过程的具体实施场所，是学校德育民族化实施的基本单位。班级的实践活动是对德育民族化效果最好的验证。

1. 礼仪教育

"有诸内而形于外"是一句富有哲理的话，说明内涵与外形的相互关系中内涵的决定性作用，任何一种外形都是某种内涵的反映。《释名》曰："礼，体也。言得事之体也。"即礼是一种道德规范和生活准则。故孔子曾说："不学礼，无以立。"礼从古至今维系着绵延的中华文明。文汇中学的礼

仪教育包括升旗礼、鞠躬礼、入学礼和出学礼。

升旗礼是每周一的例行集会，是对学生爱国热情和礼仪文明的检阅。升旗礼时，全体学生必须身着校服，整个过程庄重而又严肃，是一个学校气质的外在展示。

鞠躬礼要求学生和教师对面而过时，在适当的距离停下步伐，深鞠躬，同时问好。把问好形成一种约定俗成的文化，体现了一个学校师生的修养和学校的文明素质。

初一新生入学时举行入学礼，初三学生毕业时举行出学礼。无论是入学礼还是出学礼，全体师生均需身穿校服，感恩母校，在宁静儒雅中展示文汇人的国学礼仪。

孔子曰："人而不仁，如礼何？"无论是升旗礼、鞠躬礼还是入学礼和出学礼，都体现着文汇人从优秀传统美德中发掘出"崇仁、尚礼、感恩"的主题思想。

2. 道德养成

日常德育有"三餐"特色课程。"早餐"即读经典悟道——每天早读前诵读精心编著的校本国学教材10分钟，体会经典之道；"午餐"即写汉字立人——每天中午上课前书写汉字10分钟，体会汉字之美；"晚餐"则反思习行，要求学生在力所能及的范围内为父母做一件事，用德育作业培养学生孝敬父母、关心他人。通过读经典、练书法、完成德育作业，督促学生形成良好的道德品行。文化"三餐"是整个德育民族化的重中之重，对于塑造学生内涵起到了非常重要的作用。

3. 实践评比

以学校核心文化理念"明明德，至至善"为依据，依托学校的德育特色课程，以"传承中华文化，弘扬传统美德"为主题，以丰富学生的课余生活为目的，以班级为单位，学校相继开展了"经典·生命·根""国学·文化·脉"等一系列国学经典会操比赛。会操主要是对平时国学学习的集中检阅，是全校师生德育民族化成果的重要展示平台，激发了师生的参与热情。

除此之外，班级还通过文化评比、国学主题班会等手段，展示班级的德育民族化成果，深化德育民族化实践，进一步促成学生的养成教育。

如今，优秀的文化和理念已经开始在文汇人心中产生心灵的投影和思想的印痕，这也是精心、尽心的现实思考和践行的结果。一系列的民族德育化措施体现了文汇人对教育的独特理解，从师生的心灵出发，是师生共同认可并嵌入身心的价值观念和取向以及教育方式和生活方式。"崇仁、尚礼、感恩"等观念已经成为文汇师生共同的追求和理想，无形中提升了师生的凝聚力。

四、德育民族化的启示——既是挑战，也是机遇

德育民族化在全国范围内还只是一个起步，现在仍旧在摸着石头过河。虽然文汇人取得了阶段性的成果，但前行的道路上仍然面临着一些无法回避的困难和挑战。

第一，从现行教育制度来看，教育退缩为片面实现智育目的的途径，德育工作大多数时候只能充当教学工作的一种辅助管理手段，这种观念短时间内仍然难以彻底扭转。所以，班主任在实践过程中仍然倾向追求升学率的功利性，进而追求的是利益最大化。班主任作为德育民族化的直接执行者，他们的不作为或者是消极对待，也会导致德育民族化措施在全校范围内开展的不平衡，甚至影响到学校整体的德育民族化推进。

第二，从实际效果来评价，德育民族化研究和探索所能依赖的人力资源也极其有限。即使是参与研究的人员，也只是把学校的德育民族化课题当作一种"额外作业"去完成，难免流于形式。由于研究人员的匮乏，研究的成果和对策的创新性也必然受到限制。加之德育民族化是通过熏陶和习染达到健全人格和引人向善，注定这个过程必然是一个长期的过程，更不能用量化评价实施的效果。因此，任何急功近利的措施只会给德育民族化带来负面的影响。

德育民族化要走向未来，达到一个新的境界，仍需一些先行者克服种种局限，排除各种障碍。从长远来看，这也是一种机遇。德育民族化的开展看似加重了学生的额外负担，实际是为他们未来的负重前行减轻了负担。德育民族化提出的初衷，在于为中华民族的教育事业真正尽一份教育者的责任。

参考文献

［1］吴星杰.民族化、现代化、全球化的学校德育方程式——东亚西欧一些国家的学校德育研究［J］.辽宁教育研究，2004（11）.

［2］庞朴.文化传统与传统文化［J］.科学中国人，2003（4）.

［3］戴琳.民族民间传统文化产业的制度环境［M］.北京：中国社会出版社，2007.

［4］李东平.明明德，至至善——深圳市文汇中学优秀传统文化教育实践［J］.中国德育，2013（2）.

［5］董国军.传统文化与德育论略［J］.江苏理工大学学报（社会科学版），2001（6）.

［6］殷诩.中小学优秀传统文化教育的特质与策略研究［D］.广州：广州大学，2006.

中篇

实践

笔精墨妙，笔墨丹青

——《充满魅力的书画艺术》教学案例片段

喻芬芳

一、案例背景

书画是中华优秀传统文化的重要组成部分，也是世界文化艺术宝库中的精华，凝聚着中华民族的精神和文化风貌，是中华民族族群记忆的核心和基础。书法和绘画艺术是传统文化的瑰宝，沉淀于中国几千年的文化中，历朝历代不断传承和创新，铭记了各个时代人的心灵特性与心灵追求，形成了丰富的艺术宝藏。

本篇课文主要内容涉及汉字的起源、演变以及书法、绘画艺术的发展脉络和基本特征。中学生对软笔书法、中国画缺乏兴趣，对书画艺术也不甚了解。对正处于"三观"形成时期的高二学生而言，在历史教学过程中，我们要通过赏析历代书画作品的产生与发展，培养学生历史核心素养之历史时空观和唯物史观，同时提高学生的艺术鉴赏能力，以便感受中国传统文化的魅力。通过对传统文化的鉴赏，培养学生对民族文化的认同感和自豪感，珍惜和弘扬传统文化。

本课中，书画、戏曲等教学内容与学生的日常生活密切相关，可以通过自身书画能力与传统文化、古代文人相对比，激发学生通过提高自己的书画水平来提升自身修养。

二、教学设环节设计

导入新课：

教师：在上课之前，我们先欣赏两套拍卖市场上的珍品，一套是齐白石的山水画作《山水十二屏》，这套画作在2017年12月以9.315亿元拍卖成交，成为目前拍卖价格最高的中国艺术品。2010年，北宋书法家黄庭坚大字行楷书《砥柱铭卷》以4.68亿元拍卖成交。为什么中国书画作品能拍出如此高的价格呢？

山水十二屏　　　　　　　　　　　砥柱铭卷

设计意图： 通过呈现两套高价书画作品，让学生对书画作品有直观感受，同时引导学生思考中国书画作品为何能拍出如此高价，从而让学生了解中国书画作品蕴涵的价值，使学生对书画有初步了解。

（一）笔精墨妙——书法艺术

自主观察：

材料一：幻灯片展示东晋王羲之的《兰亭序》；唐朝欧阳询、颜真卿、柳公权的楷书；北宋苏轼、元朝赵孟頫、明朝文徵明等人的作品。

设问： 请指出上述书法作品各有什么艺术特色，中国古代书法的艺术特征是什么？

设计意图： 通过展现书法作品，使学生感受到独特的艺术魅力，了解不同字体的特点，引导学生鉴赏书法作品，感受古代书法艺术的特征。汉字的书法是通过自由变化的线条和疏密得宜的布局，同时将绘画艺术的情境美和书写的内容融合在一起，成为一种表现士人追求自我理想和个性的独特艺术。

自主探究：请根据教材内容，整理出书法艺术的发展历程。

朝代	发展阶段	时代背景	书法家	字体	艺术特色
秦汉					
魏晋南北朝					
隋唐					
宋代					
明代					

设计意图：通过整理书法艺术的发展历程，培养学生的历史核心素养之时空观念和唯物史观。通过书法艺术的发展历程，感悟书法的艺术魅力，认识到历代书法艺术特色与时代特征密切相关，一定时期的文化特色是由当时政治经济条件决定的。

自主展示：

材料二："写字最容易泄露一个人的个性，所谓'字如其人'，大抵不诬。如果每个字都方方正正，其人大都拘谨。如果伸胳膊拉腿的，都逸出格外，其人必定豪放。字瘦如柴，其人必定排骨。字如墨猪，其人必定'五百斤油'。所以郑板桥的字就应该是那样倾斜古怪，才和他吃狗肉傲公卿的气概相称；颜鲁公的字就应该是端庄凝重，才和他临难不苟的品格相合，其间无丝毫勉强。"

——梁实秋

学生现场创作书法作品并相互点评作品，同时邀请教师进行现场书法展示。

设计意图：通过学生现场创作书法作品，让学生了解自身书法的情况，确立今后努力的方向。通过教师现场书法展示，更深地理解书法的内涵，感悟书法的魅力。

合作探究：

材料三：毛泽东在湖南第一师范读书期间有一句口头禅："字要写得

好，就要起得早；字要写得美，必须勤磨练……学字要有帖，帖中要发挥。"

——毛泽东

材料四：古代科举考试考生书法。

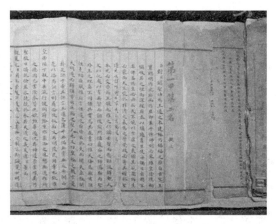

科举考试考生书法

设问：在科学技术迅速发展的今天，学生是否还应加强书法练习？

设计意图：通过本堂课的学习，使学生认识到练习书法是提身个人修养的一个重要方面。虽然现在信息技术发达，但我们仍然要加强书法练习，把中国的书法艺术传承下去。

（二）笔墨丹青——中国画

自主观察：

材料一：幻灯片展示远古时期《鹳鱼石斧图》、战国时期《人物龙凤图》、西汉马王堆帛画、魏晋顾恺之《洛神赋图》、唐代吴道子《送子天王图》、阎立本《步辇图》、周昉《簪花仕女图》、北宋张择端《清明上河图》、元代王冕《墨梅图》、明代徐渭《牡丹蕉石图》、清代郑板桥《墨兰图》代表作品。

设问：请指出不同时期绘画的艺术特征，并分析绘画的时代特征。

给学生展示顾恺之的《洛神赋图》、周昉的《簪花仕女图》，引导学生欣赏绘画作品，不仅可以从绘画本身的艺术特征来分析时代背景，也可以从人物的服饰来了解这个时代。例如，顾恺之绘画以形写神，凸显个性，再看其画中人物宽松博大的服装款式，可以反映这个时代士人休闲洒脱、风流自赏的生活旨趣，士人群体形成。而周昉的画呈现的是仕女们华丽奢艳的服饰，浪漫开放，可以看出唐朝是一个政治统一、经济发展、文化繁荣的朝代。

洛神赋图

簪花仕女图

设计意图：通过展示绘画作品，使学生欣赏到中国绘画作品的魅力，培养学生的艺术鉴赏能力，为中华民族有如此优秀的传统文化而感到自豪。同时培养学生的历史核心素养之唯物史观，从绘画作品认识其体现的时代特征。

自主探究：请根据教材内容，整理出绘画艺术的发展历程。

时代	社会背景	绘画	风格特征	代表作
新石器				
战国~汉				
魏晋				
隋唐				
宋元				
明清				

设计意图：培养学生的归纳整理能力，使学生对绘画艺术有整体的感知。

合作探究：中国绘画的特点。

设计意图：通过绘画作品的欣赏，使学生感悟到中国画讲求神似、神韵和气韵，注重抒发个人主观性情的特征。

课后作业：请有绘画基础的学生尝试绘制一幅文人画或山水画，抒发自己内心的情感。

设计意图：引导学生对中国画产生兴趣，传承中国传统文化。

时代印象之中国传统服饰

喻芬芳

一、案例背景

高中历史教科书中涉及大量的人物图片，很多插图中也有人物的出现。只要有人存在，就能够从人物的穿着打扮挖掘历史信息，透过传统服饰的发展认识不同时期的政治、经济和思想文化。通过服饰挖掘时代特征，将日常生活与历史教学有效结合起来，拉近历史与学生的距离，使历史教学生活化。这不仅能很好地培养学生的历史时空观，丰富学生关于时代的印象，而且为适时地渗透传统文化提供了很好的契机。

中国传统服饰被誉为国粹，是中华民族创造的宝贵财富，是时代文化的一种载体，包括冠、巾、帽、面衣、发式等多种形式。现在古装剧中存在很多错用服饰的现象，容易对学生形成误导，使学生对中国传统服饰认识不清。通过引导学生充分挖掘教材及课外有关传统服饰的素材，一方面能更好地了解传统文化的内涵，另一方面从服饰的演变看时代的变迁，有助于学生对历史的理解。

二、素养目标

（1）学生自主搜集不同时期中国传统服饰的相关形式，通过感知不同时期的服饰风格，理解所处时代的特征，培养学生的历史核心素养之时空观及唯物史观。

中篇
实践

（2）通过欣赏中国传统服饰，加深学生对传统文化内涵的理解，认识中华优秀传统文化的特点和价值，使学生树立起文化自信，建立对祖国和人民的深情大爱，培养学生的历史核心素养之家国情怀。

三、活动设计与实施

（一）课前准备

1. 活动分工

全班分六个小组分工合作，对先秦、秦汉、魏晋南北朝、隋唐、宋元、明清六个时期的传统服饰，各自挑选一个时期进行资料搜集（朝代不能重复选），挑选每个时期具有典型代表的服饰进行展示（欢迎有条件的小组穿着古装展示），并介绍这一时期服饰所体现的时代特征。

2. 活动要求

历史课代表负责任务分工，每组负责搜集对应时期的资料，并挑选负责人进行资料整理，同时制作PPT进行图片展示，或者穿着相应服装进行讲解展示。

（二）课堂教学活动

1. 自主展示——不同时期的服饰文化及时代特征

（1）先秦小组。

夏禹王冕服

十二章纹

学生介绍：

夏商周时期的典型服饰是冕服。冕服是古代的一种礼服，其基本形制包括冕冠、上衣、下裳、十二章纹、蔽膝、舄（鞋）和其他佩饰。冕服均为玄衣纁裳，以图案和冕旒的数目不同来区分身份等级，不得僭越。玄即黑，纁即浅红色或浅黄色，上衣黑色，下裳黄红色，象征天地，用玄色以喻天，黄色以喻地。天玄地黄，取天地之色服之。上衣下裳绘绣章纹图案。衣裳之下衬以白纱中单，即白色的衬衣，下裙腰间有束带，带下垂以蔽膝，天子的蔽膝为朱色，诸侯为黄朱色。玄衣肩部织日、月、龙纹；背部织星辰、山纹；袖部织火、华虫、宗彝纹。纁裳织藻、粉米、黼、黻纹各二，即所谓的"十二纹章"纹样。

——摘编自百度百科

时代特征：冕服制度在周代渐趋完善成熟，并纳入了"礼治"范围，这是礼乐制度在服饰上的一种体现。通过衣冠区别人们的等级身份，规范礼仪，维护统治。纹饰大都表现出对天地自然的崇拜。

（2）秦汉小组。

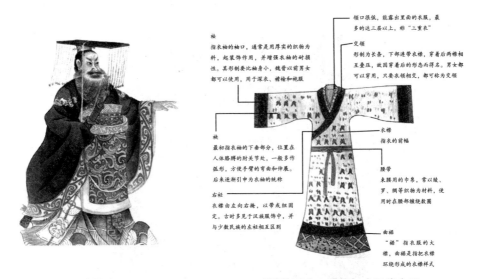

秦始皇　　　　　《国粹图典·服饰》中汉代女子曲裾深衣示意图

学生介绍：

秦代大礼服是上衣下裳同为黑色祭服，并规定衣色以黑为最上，这是由于秦始皇崇信"五德终始"说，自认为以水德得天下，而黑色主水，所以崇尚黑色。又规定三品以上的官员着绿袍，一般庶人着白袍。

汉代代表性的服装是深衣，这一服饰最早出现于春秋战国时期，一直流行到东汉时期。衣服款式以衣襟分类，可分为两种：一种是曲裾深衣，一种是直裾深衣。曲裾深衣通身紧窄，长可曳地，下摆一般呈喇叭状，行不露足。衣袖有宽窄两式，袖口大多镶边。衣领部分很有特色，通常交领，领口很低，以便露出里衣。从原料和颜色，可明显显示等级的不同。

时代特征：秦汉服饰将阴阳五行思想渗进服饰思想。服饰文化到汉代形成一套较完整的服饰制度，为后代奠定了基础，反映了大一统的年代对历史文化的影响。

（3）魏晋南北朝小组。

女史箴图

竹林七贤

学生介绍：

魏晋南北朝时期，出现了褒衣博带的流行风尚，女子服装轻薄飘逸，长裙曳地，大袖翩翩，饰带层层叠叠，表现出优雅和飘逸的风格。

服装与儒学禁锢下的秦汉袍服不同，变得越来越宽松，"褒衣博带"成为魏晋时期的普遍服装形式，其中尤以文人雅士居多，表现在装束上，则是袒胸露臂，披发跣足，以示不拘礼法。

——摘编自李倩倩《浅析魏晋南北朝时期的服饰特征》

时代特征：魏晋南北朝时期，政治动荡，经济衰退，玄学盛行，受战争和民族大迁徙的影响，服饰一改秦汉的端庄稳重之风，文人追求个性解放、自我超脱和特立独行，故采取宽衣大袖、袒胸露臂的着装形式。

（4）隋唐小组。

唐朝女子服饰

学生介绍：

唐代服饰华美，妆饰奇异，崇尚华丽铺张之风，款式奔放浪漫，呈现出自信开放、雍容华贵、百美竞呈的局面。

时代特征：反映了唐朝国力强盛、经济发达、对外交流频繁、文化艺术繁荣。

（5）宋元小组。

宋朝女子服饰

元朝官员公服

学生介绍：

宋代服饰少了唐代服饰的艳丽奢华，渐趋保守，向典雅清秀发展，具有质朴、高雅、清淡之美。元代服饰大多采取适宜骑射的样式，用色丰富，配以明亮大气的装饰。

时代特征：宋代理学兴起，人们被封建伦理道德思想束缚，服饰呈现纯朴淡雅之美。元代蒙古族入主中原，骑射奔放风格在服饰上得以体现。

（6）明清小组。

明朝官员赵秉忠

清朝官员曾国藩

学生介绍：

明代统治者建立政权后，非常重视整顿和恢复汉族礼仪。他们废除元代服制，"上承周汉，下取唐宋"，制定了明代服饰制度。延续了两千多年、君臣可以共用的冕服，在明代成了皇帝和郡王以上皇族的专有服装，进一步强化了品官服饰的等序界限，规定官员穿补服，以补子的图案区别官员品级。

清代统治者入关后推行满族服装款式，废除了传统的冠冕制度，用绣有飞禽走兽的补子作为文武官员等级高低的标志。

时代特征：明清时期，君主专制强化，思想控制加剧，明清统治者通过强化服饰的区别和界限，达到强化皇权的目的。

传统服饰是中华传统文化的重要组成部分。通过欣赏传统服饰，我们可以感受到特定时期的政治、经济、文化。不仅如此，人们的衣、食、住、行，很多社会生活都烙有特定时代的印痕。社会存在决定社会意识，我们要善于挖掘历史素材，丰富对历史时代的理解。

2. 合作探究——服饰的文化特征

教师：从历代服饰的发展演变中，可以发现传统服饰体现出哪些文化特征？

学生甲：中国传统服饰与礼制思想紧密相关，历代服饰的颜色、图案、纹样等都要符合礼的规定，通过服饰来标明等级身份，规范秩序，维护统治。

学生乙：中国传统服饰体现出了"天人合一"的思想，如"上玄下黄"，用上衣比拟苍天采用玄色，用下裳比拟大地采用黄色，并象征天地乾坤，反映出古人"天人合一"的哲学思想。

学生丙：中国传统服饰讲究含蓄婉约的和谐美，既不像西服那般可精确勾勒人体，也不同于古希腊、罗马那样随意地用一块布或披或缠裹于身上，而是讲究若即若离的含蓄美。

中国传统服饰是中华传统文化的重要组成部分，是中华民族创造的宝贵财富，有着时代的烙印，折射着传统文化的深刻意蕴，在世界服饰文化中具有很重要的地位。中国传统服饰呈现出"和谐统一性文化"，注重服饰与社会、人、自然的和谐；呈现出"标示突出文化"，从服饰的形制、图案、色泽、纹样等进行身份等级的区分；呈现出"种类多样性文化"，不同时期、不同地域服饰有着很大的差异，反映了传统服饰的丰富多彩。我们在当今要发扬传统文

中篇 实践

化，追求适体、和谐、融洽之美。

3. 自主创作——中国风服饰创作与设计

中国传统服饰有着独特的魅力，我们要注重对传统文化元素的运用，张扬本国服饰文化和民族特色，将中国风服饰的创作推向国际时装界，创造具有中华民族神韵的现代服饰。为此，西乡中学高二年级特举办"中华优秀传统文化传承与创新"活动，其中一项即要求学生进行传统文化元素的创作和设计。而传统服饰元素则是很好挖掘的素材，学生在动漫人物创作中可以将传统文化元素融入进去。

优秀作品展示：

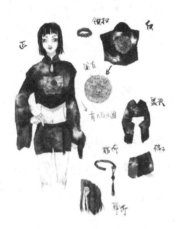

高二（20）班　洪璐瑶

高二（20）班　王晓

高二（20）班　刘君怡

高二（20）班　李可慧

四、教学总结与反思

本课的设计以优秀传统文化中的中国传统服饰作为教学素材，试图通过容易忽略的服饰文化丰富学生的时代印象，加深对历史阶段特征的理解，同时有机渗透中华优秀文化，使学生从生活出发，理解中华优秀传统文化的内涵。学生搜集的兴趣很浓，通过搜集整理，了解了很多中华传统服饰的内容，但每个时代的服饰均呈现多样化，课堂中限制学生展示的时间，只能精心挑选典型服饰进行介绍，难免过于简单和片面。教师要多注意引导学生多角度了解中国传统服饰，了解不同时期服饰的风格变迁。同时，教师也可以再引导学生思考：中国服饰是如何从传统向近代演变的？变迁的原因又是什么？紧密与历史核心素养相结合。服饰创作这一环节有兴趣的学生都可参与，如美术班的学生，可以大胆创作。

理学综述

——《宋明理学》教学案例片段

喻芬芳

一、案例背景

宋明理学是儒家思想重要的组成部分，也是传统文化的重要内容。理学崇尚道德，对我们今天的社会道德建设有着重要启示。历史课程最基本和最重要的教育理念是切实落实立德树人的根本任务，发挥历史课程的教育功能。宋明理学能够为立德树人提供很好的教学素材。

宋明理学在儒家思想中占据重要位置，但内容较为抽象，晦涩难懂，是一种哲学化的儒家思想。学生没有相应的知识储备，学习起来较为吃力。对于这种远离的历史，历史教学应该注重教学的生活化，将现实问题与历史建立起有机联系，切忌生搬硬套、机械灌输。所以，本课设计重点是从现实热点问题出发，引入理学的概念，通过史料教学，以学生自主探究为中心，培养学生史料实证、历史解释和家国情怀之历史核心素养。本课主要从三个方面进行探讨。

（1）通过史料，了解程朱理学的主要观点，帮助学生建构理学的知识体系。

（2）通过对理学思想的解读，培养学生辩证地评价理学。

（3）根据理学的学习，引导学生正确对待传统文化，从传统文化中汲取养分。

本教学以课程标准、考纲、历史核心素养要求为依据，通过对宋明理学代表人物程颢、程颐、朱熹、陆九渊、王守仁等人主张的了解，使学生提升个人道德修养和对国家、民族的责任感和使命感。通过历史课程教学，使学生形成正确的世界观、人生观和价值观，从历史的角度引导学生切实践行社会主义核心价值观。

二、教学环节设计

（一）"理"之印象——理学内涵探析

1. 程朱理学

材料一：天下只有一个理，在天为命，在义（社会）为理，在人为性，主于身为心。其实一也。

——《河南程氏遗书》

材料二：宇宙之间一理而已。天得之而为天，地得之而为地，凡生于天地之间者，又各得之以为性；其张之为三纲，其纪之为五常，该皆此理之流得，无所适而不在。

——《朱子文集》

设问：根据材料，思考什么是"理"？

设计意图：通过引导学生阅读材料，自主探究，理解程朱理学的宇宙观："理"是世界的本原，是天下万物都要遵循的普遍原则。"理"体现在社会上是儒家道德伦理"三纲五常"，体现在人身上就是人性。

材料三：人之一心，天理存，则人欲亡；人欲胜，则天理灭。未有天理人欲夹杂者。须是革尽人欲，复尽天理，以复其性，以尽其伦。

——《朱子语类》

材料四："饮食，天理也，山珍海味，人欲也；夫妻，天理也，三妻四妾，人欲也。"

——《朱子语类》

设问：根据材料，指出朱熹的道德观，如何理解"天理"与"人欲"的关系。

设计意图：通过解读材料，培养学生的史料阅读能力和历史解释能力。对朱熹原文进行研读，使学生正确认识"存天理，灭人欲"这一道德观，朱熹所强调的"人欲"并非指人的所有欲望，而是指违反了社会规范和伦理道德的欲望。

通过对朱熹思想的学习，使学生树立正确的人生观：人不是不要有物质欲望，而是不能存在过分贪欲；人不是不要有感情，而是不要纵情、感情泛滥；人对财物的追求要通过自己的努力，而不能采取非正当手段。

材料五：一书不读，则阙了一书道理；一事不穷，则阙了一事道理；一物不格，则阙了一物道理。

——《朱子语类》

设问：怎样才能通达"理"？对今天的我们有何启示？

设计意图：通过材料，层层推进设问，使学生对程朱理学有清晰地认识，了解到程朱理学的方法论是要把握"理"，要通过"格物致知"的方法，即通过接触世间万事万物，在体会各种知识的基础上加深对先天存在的"理"的体验。其最终目的在于融会贯通，明道德之善，而并非是对客观规律和真理的探索。

理学虽然认识的目的有局限，但认识方法对我们有所启发。通过格物致知方法论的学习，使学生形成实事求是的科学态度。首先要学生明白求学是一个注重积累、由浅而深、由粗而精，然后逐渐达到豁然贯通的过程。从格物致知方法论中学习归纳、类推、创造性思维的方法以及怀疑、创新的精神，但要避免偏向于抽象的思维而缺乏实际操作的问题，从而形成勇于探索、勤于实践，通过实践来发现事物真相的科学精神。

2. 陆王心学

材料六：吾心即是宇宙，宇宙便是吾心……心即理也。所贵乎学者，为其欲穷此理，尽此心也。

——陆九渊《陆九渊集》

设问：根据材料结合所学，思考在陆九渊看来何为"理"，如何求"理"？

设计意图：通过材料探究陆九渊的思想，使学生了解其宇宙观——

"心"就是"理"，心是万物的本源。他的方法论是"发明本心"以求理，求理就是进行内心反省。

材料七：见父自然知孝，见兄自然知悌，见孺子入井自然知恻隐，此便是良知。吾心之良知，即所谓天理也。

——王阳明《传习录》

材料八：知是行之始，行是知之成。知行不能分离，与行相分离的知，不是真知；与知相分离的行，不是笃行。

——王阳明《传习录》

设问：王阳明的思想核心是什么？如何评价"心学"？

设计意图：培养学生阅读史料、提取有效信息的能力。王阳明的思想核心是"致良知""知行合一"。他认为良知是存在于人心中的理，是人所固有的善性。人天生具有良知，只要克服私欲、恢复良知就能成为圣贤。知和行都产生于心，用良知支配自己的行为实践。

通过评价"心学"，培养学生的历史核心素养之历史解释的能力。心学将一切合法性与合理性的根源从外在的天理转化为内在的良知，强调儒学指导下的实践，激励人们奋发励志，对中国社会政治、文化教育及伦理道德都产生了深远影响。

（二）"理"之评说——理学影响评析

材料九：理学是中国古代最为精致、最为完备的理论体系，其影响至深至巨。理学家将天理和人欲对立起来，进而以天理遏制人欲，约束带有自我色彩、个人色彩的情感欲求……应该看到，理学强调通过道德自觉达到理想人格的建树，也强化了中华民族注重气节和德操，注重责任与历史使命的文化性格。

——张岱年、方立克《中国文化史概论》

材料十：

贞节牌坊　　　　　　　　　　　旧社会妇女缠足

自主探究：根据材料结合所学知识，如何评价宋明理学带来的影响？

设计意图：通过材料引导学生思考对理学进行辩证思考。理学虽然维护封建专制统治，压抑、扼杀人性，重礼轻法阻碍社会发展，但是理学对中华民族性格的塑造、弘扬中华传统美德起了重要作用。同时，和学生一起朗读范仲淹、张载、文天祥、顾炎武、林则徐等具有民族精神和社会责任的经典名句，增强学生的社会责任感和使命感。

合作探究：通过本节课的学习，我们应该如何对待宋明理学？这对于今天我们的道德建设有何启示？

设计意图：通过历史课程学习，使学生对中国传统文化有正确的价值评判。我们要学习宋明理学中的精华，如强调主观意志力量；注重气节、品德；自我节制、奋发图强；强调社会责任感和使命感。但其不合理之处我们也坚决抵制，如尊卑等级、重男轻女、忽视自然科学、轻视个体自由、重礼轻法等。对待传统文化，我们应该批判、继承、改造，去粗存精、去伪存真。

学习和探究历史应具有价值关怀，要充满人文情怀并关注现实问题，以国家强盛、民族自强和人类社会的进步为使命。我们应该具有最基本的道德规范，以道德意识克服违背道德原则、过分追求利欲的意识。每个人都应该加强个人修养，做任何事情都要对得起自己的良知，时常进行内心反省，认真践行社会主义核心价值观。

忠为德之正

余 滨

"夫孝，德之本也……忠，德之正也。"

——《曾子·子思子》

一、学习目标

（1）通过了解忠的概念的形成，认识忠自古以来就是中华民族的美德之一。

（2）通过历史线索，感悟忠的核心就是爱国主义精神，弘扬忠的传统美德。

二、教法指导

（1）"忠为德之正"，充分结合历史学科的特点，以时间为线索，通过经典解释忠的概念的产生、含义的发展以及对象的分类。以人物及人物本身故事为主线，用人物的行为诠释"忠"的具体含义，辨析封建社会愚忠行为的不可取性，了解不忠行为对国家、对民族的危害。观看视频《从1840年到1949年》，得出"忠"的核心是爱国主义这一结论，激发大家以"忠"为本质的爱国主义热情。结合身边的小事，利用情感调动学生，让学生了解忠诚应该从忠于学业做起，为中华之崛起而读书。

（2）教师可根据实际情况，利用视频和辩论等形式丰富课题内容。

三、教法设计

欣赏视频《说唱脸谱》。

严颜　　关羽　　庞统　　曹操　　包拯　　韦陀　　宇文成都
　　　　忠　　　　　　　奸
说唱脸谱

教师：京剧中最有意思的是脸谱，简单的红、白、黑等颜色代表了不同的含义。比如，红脸（关公）主要是代表"忠"、白脸（曹操）是代表"奸"。俗话说"自古忠奸不两立"，究竟什么是忠？就让我们走进历史，走进中国的传统文化，进行深入的了解。

（一）准备材料

1. 忠的起源

清朝的柳诒徵在《中国文化史》中提到，忠、孝兴于夏，"夏道尚忠，复尚孝"。明朝的许仲琳在《封神演义》中提到，商朝时期"民知有忠孝节义，不知妄作邪为"。

解析：忠起源于夏、商时期，夏朝是我国历史上第一个国家。因此，可以说"忠"的起源和国家的产生是息息相关的。由此可知，忠的首要对象是国家。

2. 忠的本义

春秋战国时期，儒家著作中多次提到"忠"字。在《论语》中，"忠"字共出现18次，主要有两种含义：其一是公正无私或尽心尽力，如"言必诚信，行必忠正""为人谋而不忠乎"等；其二是真诚或诚实，如"与人忠""臣事君以忠"等。

解析：《论语》中对于"忠"的论述主要是从"忠"字本身来阐释的。从"忠"字本身的结构来看，可以看成是"中+心"和"心+中"两种组合。

如果是"中+心"组合，则以"中"为主要含义，可以解释为"不偏不倚，公正无私，是立足之本"，对应了《论语》中"忠"的第一种含义：公正无私或尽心尽力。如果是"心+中"组合，则以"心"为出发点，说明发自内心、诚实诚恳，是修身之本，对应了《论语》中"忠"的第二种含义：真诚或诚实。

3. 忠的对象

东汉马融所著的《忠经》指出："忠者，中也，至公无私……是故一于其身，忠之始也；一于其家，忠之中也；一于其国，忠之终也。"标志着忠的观念已发展成为较系统完整的学说。

解析：《忠经》是系统总结"忠"的专门经典，马融因为有《孝经》而无《忠经》，故作此书来补阙，全篇共十八章。《忠经》中体现的"忠"，要点在于"一其心"，忠的作用是"为国之本"。《忠经》还提出了许多对后世忠的观念有深远影响的重要原则。例如，"善莫大于忠，恶莫大于不忠""仁而不忠则私其恩，知而不忠则文其诈，勇而不忠则易其乱"，等等。由此可见，《忠经》不仅反映了两汉时期"忠"的主要内容，而且标志着春秋时期所产生的忠的观念已发展成为较系统、完整的学说。《忠经》提出，"忠"的对象依次应该是"其身、其家、其国"，"至公无私"的忠应该是"忠于国"。

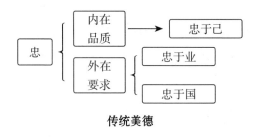

传统美德

讨论："忠"义故事汇。你所知道的中国古代历史人物有哪些是"忠"的典型？

历史形象：

忠是战国时期屈原的"亦余心之所善兮，虽九死其犹未悔"；

忠是三国时期诸葛亮的"鞠躬尽瘁，死而后已"；

忠是南宋时期文天祥的"人生自古谁无死，留取丹心照汗青"；

忠是明朝时期于谦的"粉身碎骨浑不怕，要留清白在人间"；

忠是清朝晚期谭嗣同的"我自横刀向天笑，去留肝胆两昆仑"。

◎ **历史故事：**

魏 征

唐朝的魏征是中国古代历史上最负盛名的谏臣。他在职17年间谏奏的事有史籍可考的达200多项，内容涉及政治、经济、文化、对外关系和皇帝私生活等，有时竟让唐太宗下不了台。甚至有一次，唐太宗怒火朝天，扬言要杀了他。但在魏征死后，唐太宗极为伤感地对众臣说："以铜为鉴，可以正衣冠；以古为鉴，可以知兴替；以人为鉴，可以明得失。今魏征逝，一鉴亡矣。"

对应古文：尽心于人曰忠，不欺于己曰信。

解释：对别人尽心尽力（做事）就是"忠"，不欺骗自己的内心就是"信"。

岳 飞

南宋的岳飞被视为"忠"字的化身。在杭州岳飞墓前，人们用"青山有幸埋忠骨"的诗句来纪念他。1126年，金兵大举入侵中原，岳飞再次投军，开始了他抗击金军、保家卫国的戎马生涯。相传，岳飞临走时，其母姚氏在他背上刺了"精忠报国"四个大字，这成为岳飞终生遵奉的信条。这时，高宗和秦桧却一心求和，连发十二道金字牌班师诏，命令岳飞退兵。岳飞回临安后，即被解除兵权。绍兴十一年八月，高宗和秦桧派人向金求和，金兀术要求"必先杀岳飞，方可议和"。于是，秦桧诬岳飞谋反，将其下狱。1142年，秦桧以"莫须有"的罪名将岳飞毒死于临安风波亭。岳飞虽然被奸臣害死，但他的风骨和忠诚却世代为人所歌颂。

对应古文：临患不忘国，忠也。

解释：在患难之时还能把国家的利益放在首位，就是忠诚。

教师：岳飞是忠的化身，他忠于国家吗？（学生：忠于国家）为什么国家危难需要他带兵打仗的时候，他没有继续完成抗击金兵的任务？那他究竟是终于谁？（学生：君主）俗话说："君让臣死臣不得不死。"这是封建社会的一种愚忠。在封建社会，究竟应该是忠于君主还是忠于国家？

讨论：假设你穿越到岳飞的时代，成了岳飞，面对"十二道金牌"召回，你会怎么做？怎么能避免不忠和愚忠？

（二）观看视频

教师：当时间来到1840年以后，我们又有了明确的答案。

观看视频《从1840年到1949年》。

片段一：1911年10月10日，武昌起义，拉开了辛亥革命的序幕。

片段二：1912年1月1日，"中华民国"成立，革命先驱孙中山就任临时大总统。

"驱除鞑虏，恢复中华！"孙中山开启了新的救国道路。

许多年轻人用生命的代价，换取让活着的人活得更好！

——孙中山

片段三：1919年5月4日，五四爱国运动运动掀起了救亡图存的高潮。

片段四：1937年7月7日，"七七事变"，中华民族到了最危险的时候！

片段五：朗诵

假如我们不去打仗（写于1938年）

假如　我们不去打仗

敌人用刺刀

杀死了我们

还要用手　指着我们骨头

说

看哪　这　就是奴隶

片段六：抗战期间，少将以上将军牺牲多达200多位，军民在这场战争中牺牲人数多达3500万。他们用血肉之躯谱写了一曲慷慨赴死、气壮山河的壮丽凯歌，在中华民族抗击外辱的史册上矗立起一座座永恒的爱国主义精神丰碑。

忠的核心就是爱国主义。

解析：革命烈士夏明翰曾经写过这么一首诗："砍头不要紧，只要主义真。杀了夏明翰，还有后来人。"面对民族危难，他们闻鸡起舞、弃笔从戎，舍小家为国家，用鲜血换来了今天的和平。在天安门广场上，有两样标志物特

中篇
实践

别引人注目：一是高高飘扬的五星红旗，二是高高矗立的人民英雄纪念碑。在人民英雄纪念碑上写着这么一段话："三年以来，在人民解放战争和人民革命中牺牲的人民英雄们永垂不朽！三十年以来，在人民解放战争和人民革命中牺牲的人民英雄们永垂不朽！由此上溯到一千八百四十年，从那时起，为了反对内外敌人，争取民族独立和人民自由幸福，在历次斗争中牺牲的人民英雄们永垂不朽！"

（三）爱国要从小事做起

一提到爱国，我们往往会联想到"轰轰烈烈""惊天动地"。其实不然，作为一名普通公民，我们的爱国情怀应当从身边小的事做起。

"勿以善小而不为，勿以恶小而为之。"

早读时，爱国精神在你的琅琅读书声中发光；

早读时
爱国精神在你的琅琅读书声中发光

课堂上，爱国精神在你的炯炯目光中闪现；

课堂上
爱国精神在你的炯炯目光中闪现

与老师迎面而过时，爱国精神在你甜美的问候中放彩；

与老师迎面而过时
爱国精神在你甜美的问候中放彩

当国旗冉冉升起时，你肃然起敬的表情便是对爱国最好的诠释。

观看视频《同升一面旗》。

学生（齐诵）少年兴则国兴，少年强则国强。莫等闲，白了少年头。爱国，就让我们从小事做起、从现在做起，爱自己、爱老师、爱学校。养成良好的生活习惯，不迟到、不早退、不旷课，遵守纪律，树立崇高的理想。让我们学会宽容、学会以礼待人、学会遵纪守法、学会孝敬父母长辈……从小事做起，做一个有益于祖国、有益于人民的人。

（四）身边的几种爱国形式

（1）关心国家大事。

（1）学英语固然重要，但一定要先把汉字写好、把普通话说好，作文里的错别字尽量减少。

（2）勿忘国耻。

（4）会唱国歌，无论何时听到国歌都要起立。

（5）爱护环境，节约能源。

（6）支持国货，不盲目崇拜国外名牌。

（7）热心公益活动，爱心资助失学儿童。

下篇 学生作品

关于暑期开展第一届"中华优秀传统文化的传承与创新"活动实施方案

为进一步引导学生在中华优秀传统文化传承中提高品德修养，树立正确的世界观、人生观和价值观，高一年级拟在暑期开展第一届"中华优秀传统文化的传承与创新"活动。现初定活动方案如下：

一、指导思想

按照贯通古今、鉴往知来的原则，以相关课程、课外活动及校园文化建设为载体，在学生中开展"读历史之经典，品江山之秀丽，悟中华之道德"活动，进一步弘扬中华优秀传统文化，突出培育学生精神高度，引导学生在传承过程中学会创新，塑造美好心灵，切实担负起传承中华优秀传统文化的历史责任。

二、作品要求

学生在三类中选择其一进行创作，作品必须原创，不得抄袭。抄袭者一经发现，取消获奖资格，并通报批评。

（一）第一类：历史英雄人物评说

"英雄者，国之干。"中华文明之所以五千年灿烂不息，是因为民族英雄奋不顾身地延续守候；中华民族之所以历经磨难而巍然屹立，是因为民族英雄用血肉之躯不断加固坚不可摧的民族脊梁；祖国江山之所以如此多娇，是因为英雄儿女用多彩人生连续装点；人民事业之所以锐不可当，是因为人民英雄不朽精神的始终引领。2016年11月30日，习近平总书记在中国文联十大、中国作协九大开幕式上指出："祖国是人民最坚实的依靠，英雄是民族最闪亮的坐标。"历史人物身上凝聚着中华优秀传统文化精神的内核。

要求：请选取高中历史三本必修书中提到的历史英雄人物进行评说，800～1500字。

（二）第二类：历史游记

行江山万里路，观民族千古情。

要求：同学们在暑假外出旅行时，请带上一双观察的眼睛。面对祖国的名山大川、风土人情、民俗建筑、饮食习惯等，体味其对于中国文化、人文精神的深远意义。要求文字精当，夹叙夹议，能引起读者对中华优秀传统文化的思考、欣赏与认同，800～1500字。

（三）第三类：历史中的艺术创作

1. 中国风音乐与舞蹈的创作

要求：

（1）编写歌词或谱写曲目，可参考歌曲《青花瓷》《曹操》、节目《经典咏流传》等。

（2）编排中国舞蹈（古典舞蹈）。

（3）18班（音乐舞蹈班）学生必做，其他班学生选做。可独立完成或合作完成作品（最多不能超过5人），舞蹈与音乐可任选其一。

2. 中国传统文化元素的漫画与作品设计

要求：

（1）创作出有中国传统文化元素的漫画、产品（实物）或产品设计图（绘画或电脑制图）。

（2）19、20班（美术班）学生必做，其他班学生选做，独立完成。

蔡景贤教育科研专家工作室

深圳市西乡中学高一年级

2018年7月11日

人物评价类 >>>

剑下长风　心怀山河

——著名历史英雄霍去病

高二（15）班　彭玲

西汉名将，杰出的军事家、爱国将领、民族英雄，拥有流传千古的圣名，正是我们历史上的英雄人物——霍去病。其人善骑射，用兵灵活，注重方略，不拘古法，勇猛果断，功绩永垂中华史册，受千千万万人的敬仰。同样，我也十分敬佩他，敬佩他的骁勇善战，敬佩他的足智多谋，敬佩他似乎天生就是为了家国而战的英雄。

古时，历朝历代统治者无不忌惮匈奴人侵犯中原大地。而为国家抵御匈奴外患，是霍去病传奇的开始。他十七岁之时，初次征战即率领800骁骑深入敌境数百里，把匈奴兵杀得四散逃窜。在两次河西之战中，霍去病大败匈奴，俘获匈奴祭天金人，直取祁连山。

他不负天下百姓的期望，保全了国家的安定，避免了祸乱侵扰。令人连连赞叹的是，他少年时就能创造出一番惊人的业绩，也得到了汉武帝的赞赏。有趣的是，汉武帝封他为冠军侯。冠军，不正是第一名的意思吗？我们自然可以看作汉武帝认为他为武将第一人，是对他的认可和尊敬。

霍去病有一句名言："匈奴未灭，何以家为。"这正昭示着他保卫国家的高远志向，就如同那些爱国诗人写下的一句句为国为家、忠贞不渝的诗句，心有宏图，志在四方。

汉朝饱受匈奴侵犯和政治动荡，汉武帝任命霍去病剿灭匈奴，平定战乱，封狼居胥由他而闻名。霍去病在部分降众叛乱的紧急关头，率部驰入匈奴军中，斩杀叛乱者，稳定了局势。从此，汉朝控制了河西地区，为打通西域道路奠定了基础。小小少年郎，凭借着卓越的军事才能和一身武功，也凭借着心有家国的志气，击败了匈奴的单于。他为国家的统一而战，不断为国家扩展疆土，同时汉武帝也不断加封他的官职，霍去病步步高升。

除了军事功名，他的为人品质让人敬佩不已。霍去病因为军事功绩被封为大司马与大将军，可谓是国家重要的职位，因此有很多人巴结讨好，想成为霍去病名下的门客。但他却从不收门客，一一拒绝。他受了他的舅舅卫青的熏陶，为人清廉高洁，从不结党营私。

他生为奴子，长于绮罗，却从来不曾沉溺于富贵荣华。他将国家安危和建功立业放在最前面，置生死于身外。汉武帝曾经为霍去病修建过一座豪华的府邸，霍去病断然拒绝，不为这些身外之物熏心，敢做敢当，果断高洁。同时，霍去病也非常注重孝心与亲情。一朝功名成就以后，不忘将同父异母的弟弟霍光带到长安栽培成材，为弟弟成为国家栋梁而不断努力。

司马迁对他的英雄事迹评价到："直曲塞，广河南，破祁连，通西国，靡北胡。"北宋年间成书的《十七史百将传》中，霍去病亦位列其中。为赞颂他的功绩名声，并传给后世，不少贤人雅士纷纷为他作诗吟曲，让子孙后代都歌颂这位英雄人物。

而可悲可叹的是，堂堂七尺男儿，一生忠心耿耿、保家卫国的霍去病只活了二十四岁。历史上说他是病故的，由于常年领兵作战，古代的医疗水平十分低下，他长期处于恶劣的环境中，造成了无法治愈的伤病。身为后人，我们应该深深缅怀这位为了国家征战落下一身病痛而无怨无悔的英雄，若没有他当年的奋战，汉朝或许不能如此安稳地发展。他是中国历史千百年的英雄，也是值得祖祖辈辈敬仰的英雄。

我们学习历史，不仅仅是汲取历史知识，更重要的是学习历史中英雄人物的精神，以及他们优秀的品质。历史能带领我们遨游在古代英雄人物的丰功伟绩中，使我们感到无比自豪。每次侃侃而谈，总会提及如霍去病一样的英雄人物与事迹，激发我们对历史的全方面了解。

祁连山的一方安定，汉朝的一世辉煌。犹记当年剑下长风、少年意气的霍去病，身披铠甲，手中握着剑，心中怀揣着万里山河，一颗只为保家卫国的纯粹之心，掩藏在历史长河里，铭记在每个人心里。

下篇 学生作品

他是不散的英魂，引导着我们遨游在历史的回忆里，所谓不朽大抵如此。一笔笔青史名迹在霍去病的剑下挥毫，留下遗憾，也刻下光芒。

民国奇人杨度

高二（11）班 莫颖桐

他的人生，算得上半部中国近代史。有人说，他不过是个投机分子；也有说，他是优秀的纵横家。他就是杨度。

光绪十八年，杨度考取了秀才。次年，他又考取举人。此时，他不过十八岁，已经才气显露。然而，出身贫寒仍是一种束缚，眼界不够开阔的杨度连续落第。也是因为这两次落第，他参加了著名的公车上书。此后，加入维新派的杨度开始扬名。

一代儒学大师王闿运也被他所吸引，亲临杨家收他为学生。三年的学习，杨度继承其"帝王之学"，成为坚定的保皇派。然而，腐朽的晚清只是一个苍白的空壳，被帝国主义蚕食的傀儡，再加上在日本受到进步思想的冲击，杨度的内心无疑是痛苦的。

命运让他遇见袁世凯，成为袁世凯的"军师"，为其出谋划策。据说，袁世凯曾命人送杨度一块匾额，上书"旷代逸才"四个大字，可见其对杨度的敬佩。杨度成为鼓吹帝制的主角之一，他撰写《君宪救国论》，成立筹安会。即使在一片反对声中，杨度仍然坚定自己的立场，将袁世凯送上帝王之位。

然而封建帝制终是无法逆历史潮流而上的，只能丢弃在沧海桑田之中。八十三天后的袁世凯落魄死去。杨度挥笔为袁世凯写下挽联："共和误民国，民国误共和？百世而后，再平是狱；君宪负明公，明公负君宪？九泉之下，三复斯言！"也为自己辩护。

无论如何辩护，杨度还是成为人们眼中的"帝制余孽"，是"惩办帝制祸首令"之首。别无他法的杨度，为躲避通缉来到青岛，只得与书相伴。

在阅读了大量书籍后，杨度的思想也发生了巨大的变化，他从一个帝制支持者变为民主人士。杨度的女儿杨慧云曾回忆杨度想变卖家产帮助革命人士的情景。除此之外，他还参加了不少帮助共产党的行动。

然而，拥护帝制的历史已经烙印在他的形象之中，其本人也背负了许多骂名。在杨度去世四十七年后，周恩来总理透露出杨度加入中国共产党的真相。

单看杨度传奇的一生，似乎很难评价，他是如此"纠结"的一个人。虽然他的政治经历看上去十分复杂，但不难看出他的本心——拯救中国，无论是何种主义、何种制度，只要能救国，未尝不可一试。"尚拟一魔筹建笔，书生襟抱本无根"便是他最好的自述。

我眼中的梁任公

高二（12）班　林雪怡

"少年强则国强，少年富则国富。"我对梁启超先生的认识，还停留在他作为领袖参加公车上书。为了这篇论文，我特意更深地了解了梁启超先生。

梁启超先生是中国近现代史上具有巨大影响的人物，但世人对他的评价有褒有贬。在我看来，梁启超先生是中国历史上少有的奇才。

梁启超先生奇在他有超时代的智慧和胆量。从我最熟悉的公车上书说起。公车上书被认为是维新派登上历史舞台的标志，也被认为是中国群众政治运动的开端。梁启超先生作为其领袖，是坚决的反帝代表。且梁启超先生坚决反对封建专制，倡导民主宪政，最早将西方的民权、民主自由思想系统地介绍到中国，促使了国人的觉醒，使国人产生了近代化意识。这对当时的中国来说是极其新鲜，甚至新鲜到会遭强烈排斥。梁启超先生的思想和行为是具有超时代意义的。

梁启超先生基于自身的超时代精神，还为此付出了一系列行动。他先后创办了《中外纪闻》《实务报》《清议报》《新民丛报》《国闻报》《大中华》《申报》等有重大影响的报刊，把报刊作为宣传思想的阵地。除此之外，他倡导教育救国，兴办学堂等教育机构，设立图书馆，并主张以育人为本的教

下篇　学生作品

育思想，是不可多得的教育家。

梁启超先生不仅是中国杰出的启蒙思想家、政治家和教育家，还是中国杰出的学者。仍记得初中的那篇课文——《敬业与乐业》，其中将"业""敬业""乐业"之间的联系和"敬业"与"乐业"的重要性阐述得具体、生动，富有说服力。且在另一篇梁实秋先生所作的《记梁任公先生的一次演讲》中写："那时候的青年学子，对梁任公先生怀着无限的景仰，倒不是因为他是戊戌政变的主角，也不是因为他是云南起义的策划者，实在是因为他的学术文章对于青年确有启迪领导的作用。"这段话从侧面表明梁启超先生的学识之渊博和思想之积极。文章最后评价梁启超先生为有学问、有文采、有热心肠的学者，我自是心服首肯。

梁启超先生被公认为是中国历史上一位"百科全书式"的人物，他宣传的是中国的新思想，发表的是新兴气锐的言论。毋庸置疑，他是中国历史上的奇才。

从《梁启超家书》看梁启超

高二（16）班　李心玉

翻开《梁启超家书》，从家书中窥探梁启超先生。

"我生平最服膺曾文正两句话：'莫问收获，但问耕耘。'将来成就如何，现在想他则甚？着急他则甚？一面不可骄盈自慢，一面又不可怯弱自馁，尽自己能力做去，做到哪里是哪里，如此则可以无入而不自得，而于社会亦总有多少贡献。"

对于梁启超先生，我最初的印象是《少年中国说》，其文采之斐然、文意之磅礴皆使我慨叹，心中对于梁启超的印象也只当他是个有大抱负、大理想且付出实际行动的政治家、革命家，以为他应当是严肃的、不假辞色的。可在看到他写与子女的四百余封家书时，心中的梁启超形象骤然改变。

梁启超生逢乱世，列强侵略，军阀割据，国家处于风雨飘摇之中。他学成学问之后，深刻地意识到国家政体的弊端，于是有了戊戌变法。可惜变法失败，但这并不妨碍他成为一位优秀的思想家、革命家、教育家，也并不妨碍他成为一位严师慈父。

梁启超自1912年开始给子女们写信，此时的他已是39岁，将近不惑之年。书信长短各异，有时是特意地执笔相告，有时又是纯粹的思念问候。这些信件大都完成于家中的书桌上，亦有部分是梁启超缠绵病榻时完成的。不论信之长短、出自何处，其字里行间流露出一位父亲对子女的关怀与告诫。

其中，让我印象最深是梁启超教导子女要爱国与回报社会。国家动荡，人人自危，世人皆寻自保之法，不欲理会朝事，梁启超却反其道而行之。他认为："我今日若还不理会政治，实在对不起国家，对不起自己的良心。国家生命、民族生命总是永久的（比个人长的），我们总是做我们责任内的事，成效如何，自己能否看见，都不必管。"并且教导子女待到他日学成归来，必当回馈祖国，为国之建设添砖加瓦。

除却爱国，梁启超教给子女的还有人生态度：做自己想做的，做自己该做的，不提前去想事情是否会为自己带来名利成就，尽管尽力去做就好，但求问心无愧。

我们当自省，作为新一代年轻人，我们对于国家的归属感远不及老一辈，对社会的回馈更是少之又少。我们缺乏的就是那种尽力做事不问结果的决心与毅力，缺乏的就是那种吾与国一荣俱荣、一损俱损的觉悟与信念。

游记类 ▶▶▶

江南水乡忆乡水

高二（11）班　郭主牧

历史作舟，乡愁为桨，泛舟于万年百世不竭的长江之流，长驱而下驶入江南水乡。"春雨如酥润江南，桐油纸伞撑玉兰。小桥流水石皮弄，粉墙黛瓦乌篷船。"清水细流的江南不仅承托着古色古香的绿瓦青砖，也滋润了华夏一方悠然百世的生活。假期得闲，我泛舟领略江南水乡。

古镇周庄是江南水乡之一，在苏州城南已醉卧九百多个春秋，素有中国第一水乡之称。假期有幸清晨观赏，褪去瓦红的方石牢固地攀在两侧古朴的房屋上，窄窄的绿水顺房屋蜿蜒而下，轻柔的涟漪兀自回荡，细微而醇厚的轻响似水乡的姑娘，含蓄内敛却不失内涵。水道一径或是在错落的古屋尽头回转，或是通向一方晴空。清晨的水乡天潮雾盈，流岚仍流离于绿水之上，远处依依柳影平添盛夏之美，同时徒增若隐若现的意境。老船夫向深处驶去，带我们在交错水网间欣赏静水流深的江南古屋之道。

顺流而下，两道房屋风格一致，楼势相仿，却又不尽相同。本是雪白的屋壁受潮已久，青苔顺着古墙顺势攀上了绿瓦青砖，屋顶砖瓦错落有致。深沉的窗棂泛着旧旧的深红，细致而各异的纹路相间分布。各家门前低矮的栅栏拦不住满溢的生机，相映成趣。拱起的桥梁虽短却也饱含趣致，青石相砌间，绿藤黄花见缝插针地生长于其中。

正午将至，天色未见放晴，又落下了蒙蒙细雨，我们得以再赏雨中江南水乡的芳容。红木青砖在雨里化而成了朦胧的岭南水墨画，雨水落下，在人心里激起圈圈涟漪。从半掩的木门里欣赏这场细雨的滋润，一壶热酒，一刻小酌，江南人饮下了半生清闲。静心欣赏一刻，我也滋润无穷。

逗留至夜深，现代的霓虹灯为水乡打上了浓艳的妆容。远望而去，我却能想象古时江南水乡的景致，家家户户只有一盏微弱的油灯散发着昏黄的光芒，天际圆月一轮不吝泼下满城的银光，两道光在水面上交融，不急不躁。时光静好，正如江南水乡这千百年来的容貌。

"花格窗棂红妆绣，吴侬软语喀评弹。水牛桑田牵斗笠，茶楼酒肆意阑珊。"江南水乡的水面波澜涟漪，水底却恬然不动，清流细细，却源远流长。就像这处小村的生活与文化，不仅有呈现于世人的色彩，还有自两汉至今的源远历史。历史作舟，乡愁为桨，泛舟于江南水乡忆乡水……

齐鲁之地，文化之源

高二（12）班　刘佩芸

天高云淡，阳光透过清晨的雾气，轻轻洒在身上。或许是阳光的作用，身体蒸腾出一股暖意，胸腔中有一股化不开的豪气。踏上这座山，我踏上千百年前的圣贤通道，穿梭古今，领略"天下第一山"的美景，更是感知曾盛放于此的文化盛宴。

青白色的石门已经被千百年来的雨打风吹画上了无数道锈色的长痕，石门外伫立着四只石狮，皆张开大口，似乎在镇守这一方威严的圣土——岱庙。古人称它"朱堞金扉，龙楹螭殿，罘名巍，俨然帝居"。朱红漆，青黑瓦，古树林立，俨然周正，庄严大气，古人所言的确不错，此外不愧是历代帝王举行封禅大典和祭祀神明的宝地。苍天悠悠，后土广博，先民都有对天地自然神的崇拜。华夏祖先继而出现了祭拜山神河伯的活动，这就是封禅。"封"为祭天，"禅"为祭地。古人崇敬自然的赤诚之情，感恩自然母亲的哺育之恩，怀着一颗虔诚谦卑的心回馈自然所赠。

一路向北，出了岱庙便能看到岱宗坊，登泰山之旅也从此处开始。我一路向前，不知不觉间过了万仙楼检票口，没走多久就看到几棵绿树环抱着一块巨石。巨石上简简单单地刻着的"虫二"两字，着实令我费解。这是何种含义呢？一问才知，虫二意为风月无边，即繁体字"风月"去掉外面的边框。尽管

下篇　学生作品

"虫二"的来源并不明了，但是"虫二"两字被文人雅士的遐思演绎得如此有趣灵活，华夏文字文化之博大精深从中可见一斑。

太阳高挂，阳光尽情地炙烤着大地，我已登上中天门。微微一抬头，南天门在我眼中只有一个手掌大小，足可见其多么遥远。但是一旦登上南天门，泰山就算是爬完了。回首望去，终是明白为何泰山文化如此深厚，毕竟只有历经磨难才能迸发出生命的光彩，一抒"会当凌绝顶，一览众山小"的豪情万丈。

"造化钟神秀，阴阳割昏晓"表达了古人对泰山自然风光的惊叹，"触石而出，肤寸而合"是古人对泰山鬼斧神工发出的赞誉。而岱顶崖刻"孔子圣中之泰山，泰山岳中之孔子"，更是以泰山喻孔子、以孔子喻泰山，足可见泰山与中国传统文化的渊源深切。泰山文化是中国传统文化的结晶，正如学界泰斗季羡林先生为泰山题词："泰山是中华文化的主要象征之一。欲弘扬中华文化，必先弘扬泰山文化，这是顺理成章的事。"

古人认为，天以高为尊，地以厚为德。泰山起于平原，是山东最高的山，"天高不可及于泰山"。泰山的美景自然是美的，但是历史文化更为深厚，在这样一处凭今吊古，实为壮哉！

贵州黄果树瀑布

高二（11）班　何依玲

"白水浩荡群山中，骤止断崖跌九重。声若雷滚撼天地，势如江翻腾蛟龙。"这是翟培基先生游历完黄果树瀑布写下的诗句。暑假时，我和家人一起去了贵州，慕名观赏了黄果树瀑布。

八月初，正是深圳燥热的时候，贵州的空气中却总带着一丝凉气，让人很舒服的温度，不愧是避暑胜地。我们下了高铁在附近酒店休息了一晚，便迫不及待地租了辆车赶往安顺市的黄果树瀑布旅游区。

黄果树瀑布旅游区包括安顺独特雄奇的自然景观和多姿多彩的民族民俗

文化，涵盖天星桥、郎宫、龙宫、格凸河、关岭国家古生物地质公园、地球大裂缝——花江大峡谷、天龙屯堡、云峰屯堡及多个旅游民族村寨，面积达120多平方千米。

我们一大早起来便急急忙忙跑去买车票，由于刚好处于旅游旺季，游客特别多，我们排队排了很久。

景区特别大，要靠园区大巴车出入。我们选择的第一个景点叫作天星桥，是由水上石林变成的盆景观赏区。景区很大，全程大概要走三个小时。景区前半段有很多奇形怪状的石头，路途崎岖，人也很多，走得特别累。沿路是各种奇石与池子，比较平常。走了一个多小时以后，有一个中点休息区，过了休息区的后半段才是重点。后半段不再是安安静静的小池子加石头，而是变成了呼啸的巨浪。与前面不同，这里的景色更加震撼人心，水流湍急，卷着黄泥，拍打在一块块石头上，溅起的水珠淋湿了路过的人。可大家都不愿意走，都想多看一眼，卷起的巨浪像一双双手，抓住你的脚与心，让你挪不动脚步。那一刻，前面的劳累与身旁拥挤的人群都消失殆尽，眼里心里都只有这水、这石、这景。天星桥还有另外一个明星景点，便是天星洞。这是个溶洞，里面有鸟虫鱼兽、花草树林、瓜果蔬菜等造型的石头，很特别。但我个人觉得，还是英德的溶洞更为吸引人。

好不容易走完天星桥，我们决定去黄果树瀑布，也是整个景区最有名的地方。

著名的徐霞客游历至黄果树瀑布时，曾写下这样一段话："所谓'珠帘钩不卷，匹练挂遥峰'，俱不足以拟其壮也。盖余所见瀑布，高峻数倍者有之，而从无此阔大者。"意思是所谓"珠帘钩不卷，匹练挂遥峰"的诗句，都不足以用来比拟它的壮观。大体上我所见过的瀑布，比它高峻几倍的也有，却从没见过这样又宽又大的。由此可见，黄果树瀑布是多么的壮丽。黄果树大瀑布是中国最大的瀑布，也是世界著名瀑布之一。这一段路没有天星桥那么崎岖，比较好走，在入口不远处有一个很长的电梯，可以一次性下到最下面的瀑布，如果不坐也可以选择徒步。电梯很长很长，可能是我这辈子坐过最长的电梯了。下了电梯便能隐约听见瀑布的轰鸣声。往前走过拥挤的人群，黄果树瀑

下篇　学生作品

布的真容便出现在我的眼前。水流从几十米高的地方坠落，砸在水面上发出巨大声响。瀑布激起的水花比天星桥的大多了，即使在晴天也像下雨一般，因此有了"银雨洒金街"的称号。瀑布冲刷而下，仿佛万马齐奔，声势浩大，震撼人心，特别值得徒步这么远过来一赏。

贵州的天气很舒服，特别适合避暑，黄果树瀑布景区的景色也很震撼人。正如黄培杰先生所说："几度凭栏观不厌，爱他清白可盟心。"这样的美景，的确应当来此一观。

厦门！厦门！

高二（11）班　余子欣

厦门的时钟仿佛被拨慢过，秒针不紧不慢地踱步，分针有条不紊地跟随，行行复停停间，整个城市浸在安然中。

清晨尚早，青云缠绵着远方的黛色群山；晨露未止，街边小草鲜嫩欲滴地打着颤儿。鼓浪屿，青砖黛瓦，黑顶白墙，绿叶衬红花，小窗搭洋楼。悠长又寂寥的小巷中，油纸伞与我一起彷徨。心心念念的丁香姑娘没有同我擦肩而过，但冥冥中转角一支探出墙来的红杏向我致意。可惜没有木屐，少了那种木制品与地面接触摩擦的"嘎吱"声，生生消了几分韵味。

日上三竿，游人多了起来。不远处，身穿洁白婚纱的新娘旋转着裙摆，笑靥如花的笑脸被相机"咔嚓"一声定格。

一阵阵海风吹来，撩起略微湿润的裙角，我拉下险些被掀飞的草帽，看着脚丫一点点陷入白沙中，才慢慢把自己从鼓浪屿的幽静里拔出。环海公路环绕着厦门，就像其腰上的玉带，耀眼夺目。高大笔挺的椰树一字排开，伫立在公路两侧，守卫着这片神圣的海滩。缀着蕾丝边的太阳帽、富有波希米亚风格的长裙、各式各样搞怪的人字拖，代表着关于夏天的记忆。细沙中藏着许多小小的、洁白的贝壳，在阳光的照射下闪着柔和的光。刚刚还在前边堆沙堡的几个小孩转眼间爬到了礁石上，兴高采烈地对着镜头伸出两根手指，咧开缺了门牙的嘴"耶"。

从环岛路一路骑行便是曾厝垵。就像当地人说的那样,曾厝垵不仅是沉淀历史味道的标志,也是整座城市最接地气的地方。抬眼望去,街头巷角都是琳琅满目的美食,蚵仔煎、土笋冻、花生汤、烧肉粽……都是闽南一带的特色美食。土笋冻倒不是真正的笋,是一种在海边能挖到形似蚯蚓的沙虫,通身呈灰白色,晶莹而透明,调好佐料往水里一放,满满的胶原蛋白便融在水中,凝成黏稠的糊状,冷却后脱模,便成了小巧可爱的土笋冻。传说郑成功在收复台湾之时,有一段时间粮草紧缺,而郑成功坚持不接受老百姓的任何资助。当时驻军所在地离海滩很近,将士们到海边挖出了大量的"土笋",郑成功便每日仅食以土笋煮成的汤。但郑成功常因诸事繁忙而忘记用餐,下属要经常为其温汤。一日,郑成功匆忙间直接食用已凝成冻的汤,不想这味道竟比之前更好,于是土笋冻流传开来,又经后人不断改进,便形成了现在的土笋冻。听着老板眉飞色舞的一番话,我不禁莞尔,社会实践果然是文化创新的动力与源泉。

曾厝垵最令人着迷的还是它的文艺气息。这里是城乡结合部,不食人间烟火的文艺小店与热火朝天的小贩相对,也常有路过或留下来的飞鸟撒下一些种子,慢慢在野地里生根发芽。画家在墙壁上留下特别的涂鸦,诗人赠予些许店家温暖的句子,大学生与农民工把酒言欢……漫步在曾厝垵的"五街十巷"中,到处都是这样具有强冲击力的视觉反差。就像世界的夹缝,在那个与众不同的车站,在两座房子之间,取一片最美的海,每时每刻变换着不同的色彩。

出了曾厝垵,我被熏香牵引到南普陀寺。寺内所有建筑都采用古代宫殿式的重檐飞脊大屋盖,饰以杏黄琉璃瓦,再以石构围墙将全寺建筑群环抱起来,如散珠承盘,形成一个整体。我按着僧人的指示右脚先迈进殿门,抬眼便看见笑容可掬的弥勒佛,情不自禁地,我也对其回以微笑,电光火石间想起那句"佛何须你的皈依,佛只需你欢喜"。我学着僧人把香举过额,跪在软垫上虔诚地俯身拜了三拜,闭上眼当作是许了愿。踏出寺庙,庄严的建筑在袅袅烟雾中显得不太真实,我挥一挥衣袖,一缕若有若无的熏香随我离去。

乘游轮回到鼓浪屿已是万家灯火时,江畔密集的建筑纷纷亮起了霓虹灯,五光十色交相辉映,倒影在江面上,随着波涛摇曳着。依在江边的石栏上，我不禁想起白居易的那首诗，如果换我来写，我会说："厦门好，风景旧曾谙。日出江花红胜火，春来江水绿如蓝。能不忆厦门？"

晚安，厦门！

青铜语　中华魂
高二（15）班　向妍蓓

似是青衣披身，看有千沟万壑，听其兴衰交替，嗅闻泥土浸漫。以其身叙其史，以其史树其身，辉辉相映，念念其声。

——题记

我觉得学历史最大的好处就是，每看一次历史的轨迹，都能从中明白一段不可言说的故事，更能明白自身的渺小。这种感觉真的很微妙，如果没有自身切切实实的体会和领悟，那么看见的文字就是文字，文物就是一堆破铜烂铁而已。

我去三星堆，是去那听故事的。我听见了青铜器的声音。它们说着自身的生平经历，说着创造它们的人的想法，说着自己为什么能出现，为了什么而出现，自己曾经都做了什么。我听见了铸造业的兴起、权力的更替、经济的发展、王权的巩固、朝代的交替，看见了历史的波痕和人们留下来的语言。

若是要概括历史存在的意义，要讲博物馆为何存在，要指明这三星堆为何传奇，我认为唐太宗所说的"以铜为鉴，可以正衣冠；以人为鉴，可以明得失；以史为鉴，可以知兴替"便是最好的证明。

三星堆博物馆里有三个镇馆之宝——青铜树、黄金杖和青铜面具。我们就来说说青铜面具吧！"此文物为商代的青铜器，面具呈方形，倒八字形刀眉，眉尖上挑，双眼斜长，眼球极度夸张；耳尖部呈桃尖状；鹰钩鼻，口角深长上扬，似微露舌尖，做神秘微笑状；下颌前伸；额部正中有一方孔。"为什么先说它呢？因为据考古学家研究而得，这面具铸的极有可能是蚕丛一人。蚕丛是谁？蚕丛，又称蚕丛氏，古代神话传说中的蚕神，是蜀国首位称王的人。

他是位养蚕专家，据说他的眼睛跟螃蟹一样向前突起，头发在脑后梳成"椎髻"，衣服样式向左交叉。

三星堆出来的面具是真的不少，那么为什么能出土那么多面具呢？我们就面具的用途说起。面具最开始是用作祭祀时沟通神灵的媒介，也是活动里牛鬼蛇神的身份象征，后来衍变为娱乐用具，也有作为礼器和陪葬品的用途。而三星堆讲述的历史大多是巴蜀文化，巴蜀之地向来神秘，这大量的面具到底意味着什么呢？是一场大型的祭祀还是大型的宴会？是为了彰显国力而铸还是为了卜算来年的收成、未来的气象、出征的战果？我们不得而知。

再说铸法。我们都知道，夏商时期是青铜铸造的鼎盛时期，而三星堆据推测也是在这个时期出现的。巴蜀之地独立而不孤立，虽然和中原是两个地区，但是一直有交流往来，或战争冲突，或文明沟通。所以，从技艺上保证了青铜器的出现。而从地表结构来看，青铜是最容易被提炼的，也是当时能获得的最多的金属，所以从材料上保证了三星堆的出现。这些工艺品大多精美，利用浇注法和蜡熔法铸成。

如此精美的礼器大多为祭祀所用。众所周知，商代是奴隶制的鼎盛时期，大兴巫术，统治者通过开展大量的祭祀巫术活动，一来期许得到神灵和祖先的庇护保佑，二来彰显他们与神的亲缘关系，以此来突出自己崇高的地位与身份，好让人们认为他们的统治是上天的旨意，以此来巩固统治。再者，有一些商代墓葬的主人本身就是巫师，他们自然会将那些生前用惯了的器皿随葬，青铜面具就是随葬品之一。所以，三星堆面具是为了祭祀而存在的，具有极高的文化价值。不止中国，世界各地都有面具文物的出现，用法有相似的也有不同的，材质、款式也有所不同。

青铜器的语言一千个人去听就会有一千种答案，最终的答案是什么呢？我们只能去揣摩、去推敲，但是要一个切切实实的答案，那可能真的有些困难。可历史不就是这样才有趣吗？像拼图一样，一点一点地找，一点一点拼接。等这幅蓝图出现时，是合理而不突兀的存在，是静悄悄的，沉稳无言却又带着千言万语的厚重与沉积。

湘西游记

高二（12）班　李湘羽

湘西，众所周知是少数民族集聚的地方。苗族和土家族造就了湘西独特的文化内涵，也沉淀着深厚的文化底蕴。

张家界作为湘西文化的代表，吸引了各地游客前来观赏。群山之中，云雾缭绕，坐缆车直上，一点点经过一座座高峰，山顶的风清凉，空气新鲜，远处的石猴静静地望着游客，山野中的它们自由自在，毫无拘束。

沿小路向下，山间石板路勾勒出旧时的画面，山间似乎还有挑着扁担、抬着轿子的健壮担夫行走在石板路上，草鞋上粘有泥土的印迹，似乎还清晰地印在石板路上。每一座山峰都被富有想象力的人冠以美好的名字，充满了美好的寓意和寄托。山脚下的金溪鞭，蜿蜒曲折地流过整个森林公园，清澈的溪水为游客扫去了登山的疲劳之感，带来沁人心脾的清凉。

独特的湘西文化，被编制成大型的舞台剧——《魅力湘西》，具有特别浓厚的民族特色，山歌、哭嫁等都使人感到十分新奇。

哭嫁是苗族和土家族人独特的婚嫁方式。在女儿出嫁的前一周要在家里办酒席，让出嫁的女儿以哭诉的方式表达自己的不舍以及对父母养育之恩的感激和感恩之情，并以此从娘家获取嫁妆。女儿哭诉的感情投入、感染力与收获嫁妆的多少成正比。所谓嫁妆，也是非常具有民族特色的苗银。苗族特殊的手工工艺，使得苗银广为人知，且精美异常。哭嫁的歌词大都是感恩父母的养育之恩，还有的是对未来生活的美好向往。

湘西是个神秘的地方，在大山深处养育着一群独具特色的人。千户苗寨、苗族独特的图腾、各族人民的聚集，使湘西蒙上一层神秘的面纱。

独具魅力的湘西文化，在时代的进程中更因自身独特的文化大放异彩。

千户苗寨

高二（11）班　戴雅琳

24°37′N～29°13′N，103°36′E～109°35′E，这是中华人民共和国贵州省的地理位置。在它的东南部，是少数民族的聚集地，这里聚集着许多民族，他们和睦相处，构造了一派和谐、繁荣的景象。今天要介绍的是贵州省所占人口比例最多的苗族的聚集地之一——千户苗寨。

说到苗族，首先值得一提的便是其历史。苗族的祖先不是炎黄两帝，而是与两帝同时代的蚩尤。相传逐鹿之战后，蚩尤战败，他所带领的九黎部落便一路南下迁徙，千百年后大部分融入汉族，少部分融入西北、西南各少数民族，其主干发展成为苗族、瑶族和畲族，黔东南则是他们的主要聚集地之一。千户苗寨就是其中一个大部落。

吊脚楼是苗寨的主要建筑。那一排排吊脚楼望去，再加上古道石桥、清流绿树，仿佛瞬间回到了千百年前。听，远处传来苗家阿妹的歌声，清脆而悠远，缭绕着流水、青山和路上行走的我们，构造出似有青烟缭绕的梦境，让人难以回神。

苗家的姑娘虽声不同、貌不似，但都有一个共同之处——身戴银。苗家人嗜银如命，上至黄发老人，下至垂髫小儿，无不穿银戴银，就连吃饭饮水用的都是银器。当地有一个判断苗家姑娘家境的方法，便是看那姑娘脖子上挂的银项圈有多少个，银项圈越多说明姑娘的家境越好。当然，姑娘们也不是每天都带着银项圈溜达的，只有特殊日子才会有，像姊妹节、婚礼等。说到姊妹节，便一定要提一提了，这姊妹节是苗家的"情人节"。每年农历三月十五，苗家姑娘会穿上最好看的衣服，带上自己的银饰，用彩色的糯米做姊妹饭。这姊妹饭更是有讲究，姑娘们会在姊妹饭里放上东西传达自己对小伙子的心意。小伙子打开饭包，若姊妹饭上放着一对红筷，这表示姑娘喜欢他，愿意与他交朋友；如果只有一支筷子，是姑娘婉转地暗示小伙子，可以不用再单相思了；如果放着辣椒、葱、蒜，则表明姑娘不喜欢他，知趣的小伙子就该转移目标了；要是放着树叶和松针，那是告诉小伙子至少还有希望。这种习俗真是有趣！

说到苗家饮食，不得不说长桌宴。一条条桌子摆在一起，组成一条长桌，欢迎远赴苗寨的客人，桌上必不可少的是美味的酸汤鱼、"鸿运当头"的红鸡蛋以及自制的美酒。宴至佳境，苗家姑娘便会来助兴，嘹亮的山歌配上一碗碗往上叠加的美酒，构成一幅高山流水图，保管叫你醒着进来、醉着出去。

山水如画，窈窕淑女，美酒醉人，黔东南千户苗寨与你相约梦中。

湘西行迹——凤凰古城

高二（17）班　梁韵镒

读罢沈从文先生的小说《边城》，我对湘西产生了一些说不清、道不明的向往。沈从文先生笔下的湘西，古老而神秘，连绵的群山、江边苗族特色的吊脚楼、随水流缓缓而行的乌篷船，抑或是三三两两背着竹篓吆喝的路人，一切都让人心驰神往。

于是，我带一颗好奇的心踏上旅途。乘坐着慢悠悠的火车，塞上耳机，听着欢快的歌曲，手里随着旋律打着节拍，心情也如音乐一般轻快美妙。天突然下起雨来，淅淅沥沥的，晕染了窗外的山，仿佛一幅泼墨的山水画。群山之间，星罗棋布的梯田如层层银带在山野中闪烁，宛若仙境。

伴随着银带消失在尽头，我来到了古城。古城此时正是早晨，阳光很暖，脸颊像被覆盖了一层刷满金蜂蜜的阳光碎片，黄灿灿的温暖，就像要融化了这夏日的鸣蝉。走在青石条铺成的古老街道上，好似听见脚底与地面接触发出沉闷的响声，想象着自己跨越时间的长河，来到这条古老而又热闹的巷道。我好奇地打量每一块匾额楹联，抚摸历史的疮痍，怀想着这座充满历史底蕴的古城曾有的富丽堂皇，街旁阿婆的叫卖声、孩童的嬉戏声响彻古城的小巷。我随着熙熙攘攘的游客漫步于小巷中，看着裹着高头巾的苗族婆婆不停地穿针引线、绣绣补补，身旁的竹篓里是已经成形的彩绣腰带。我轻轻拈起一个精致的香囊，轻轻触摸着，细致的纱线、精致的图案，缕缕丝线交错横生、错落有致，令人爱不释手。小巷尽头，一位婆婆呆坐在青石梯上，无奈地看着来往的游客，我走上前看了看，原来她在卖用草编成的小蚂蚱，碧绿小巧，实在可爱。"这小东西很精致呢！"我说，"请问多少钱？"老婆婆抬眼望着我，咧着玉米粒似的牙笑道："五元。""这么便宜？"我摆弄着手中的蚂蚱问道。"我不缺钱，只不过儿子总是忙，我在一个人在家寂寞，还不如这儿热闹……"老人望着天空，轻轻叹了一口气。我心里酸酸的，却只能在竹篓里轻轻地放下五元纸币，沉默地走开。我们这些来客匆匆而来又匆匆而去，她已经司空见惯，看似身处于热闹的环境中，却无人能理解她笑容背后的孤独。

古老的沱江在城墙下缓缓流淌，此刻我忽然顿悟了《边城》的结尾："这个人也许永远不会再回来，也许明天回来……"沱江依旧在，只是时光不在……

时光流淌得很快，在回程的旅途中，突然任性地幻想这是一场没有尽头的旅行，是到不了的尽头亦寻不回的路。回头再看一眼渐行渐远的古城，我达达的马蹄是美丽的错误，我不是归人，只是个过客……

苟坝——红军村

高二（11）班　周雅雯

谈及红军长征，大多数人都会想到遵义会议。在历史教科书中，遵义会议的历史意义是结束了王明"左"倾冒险主义在党中央的领导地位，确立了以毛泽东为核心的新的党中央的正确领导和毛泽东在红军和党中央的领导地位，挽救了党，挽救了红军，挽救了中国革命，是中国共产党生死攸关的转折点，使红军在极端危险的境地得以保存下来，胜利地完成了长征，开创了抗日战争的新局面。它证明中国共产党完全具有独立自主解决自己内部复杂问题的能力，是中国共产党从幼年走向成熟的标志。

但是，历史教科书中并没有记载苟坝会议，苟坝会议召开于遵义会议之后。苟坝是一块高山环绕的田坝，东有海拔1357米的石牛山，西有海拔1330米的崖头山和银屏山，北有海拔1425米的马鬃岭。坝子南北长约3公里，东西宽1公里，其间有起伏状像睡葫芦的小田坝，由马鬃岭脚渗出的二道地下水汇成一道溪流自北向南流，称为白腊坎河。独特的地形非常有利于红军躲避敌机轰炸，为红军驻军提供了便利条件。

1935年3月初，中央主力红军进驻苟坝。中国工农红军原总政治部、国家政治保卫局、苏维埃银行、《红星报》编辑部等中央红军机关也进驻苟坝北端的山麓纵深地带。毛泽东、王稼祥、陈云等中央红军也同期入驻。3月10日至12日，党中央在苟坝召开政治局（扩大）会议，即"苟坝会议"。这次会议使中央红军免受重大损失，获得了新的战略转机。

中央红军机关及领导人的驻所均为当地民居。2014年，原驻所民房按原样修缮恢复，以苟坝会议会址为中心的原红军驻地由此被命名为"红军村"。

虽然在历史的教科书中并未提到苟坝会议，但是它的重要性却不容忽视。苟坝会议是遵义会议的继续和完善，三人军事小组的成立巩固了毛泽东在党和红军中的核心地位，标志着中国共产党走向成熟。

红军村是老一辈的革命者居住的地方，在这里发生了很多的重大事件，每一位去到那里的游客无不深受震撼。这个地方，无时无刻不在向游客展现属于中华文化的独特魅力。

墨笔挥动间的江南

高二（11）班　吴雪晨

雨滴轻弹，小船摇晃，烟雨中的江南总是带有些许朦胧，犹如一位撑着油纸伞的轻柔女子，犹抱琵琶半遮面，漫步于烟雨朦胧中。

小桥流水，江南人家，傍水而生。苍老古镇，传承百年。

闲暇之中，我造访了这座古镇。恰逢烟雨，水珠落在透着历史痕迹的青石板上，滴滴答答。清风拂过，润人心肺。河道两旁的小屋被雨水打湿，露出原本的韵味。站在石拱桥上，借着朦胧的水汽，我仿若看到了百年前的古镇，人声喧哗，一片繁华景象。街边还有流传至今的小吃，弥漫着香气，或许百年前也是这个味道。雨天的古镇再次出现了油纸伞，古朴的韵味流转着。几位旅人打着油纸伞途经此地，被水淋湿的油纸伞更添韵味，伞布上的图案仿佛要跃出一般，跃出这百年的历史，跳动于现在的繁华。

水乡人家的饭菜很难寻到，纵然是心中可惜，但也别无他法。江南民间的普通美食却是随处可见，这些美食大都离不开糖醋二字。在这百年的流转之中，这一方的人们发明了这些美味，实乃一方水土养一方人。这些美食一入口，便让我切身体会到这千百年来的历史传承，让我感受到深厚的文化底蕴。

自古风流才子偏爱月。果真，夜幕下的古镇别具一番韵味。繁星点缀着天空，天空之中挂着一轮明月，正是众星捧月。月下的古镇点起了灯火，在灯火的勾勒下，古镇的轮廓一览无遗。古镇中每一处建筑的设计都代表了一代人的心血，江南多雨，当初为了排水而设计的屋顶如今却有着特殊的美。

乘一叶轻舟，顺着小河缓缓流出，享受一片宁和的夜色，听着远处传来的琴声。中国古筝的清脆，让人忍不住地细心聆听，曲曲回转，勾人心弦，借着月色诉说往事。古筝的一旁还有着笛声，二声混合，硬是奏出了西洋乐器达不到的美，载着千百年来炎黄子孙的心血、心声以及故事，每一声中都传播着文化。

渐渐的，古镇远了，但文化却始终还在。小镇前的牌坊上，中国书法印入人心，每一笔的挥毫都是一种美。再回首，整个古镇正如墨笔挥舞一般，委婉中不乏潇洒，更如一幅山水画，淡然却让人难忘。

广州游记

高二（12）班　陈盈颖

　　这个暑假，我和朋友一起去了广东的省会广州，特地挑选了一些古镇古街，寻找属于广州的原汁原味。

　　首先，从地铁出来就看见了广州的地标"小蛮腰"。"小蛮腰"是广州塔的别称，位于广州市中心，城市新中轴线与珠江景观轴交汇处，与海心沙岛和广州市21世纪CBD区珠江新城隔江相望，是世界第四高建筑。广州塔是广州电视台，同时也向游客开放顶楼供参观。在广州塔顶楼可以俯瞰广州城全景，风光无限。

　　广州市中心高楼林立，几乎只能看见头顶的一片天空。首先，我去了万菱汇，那一片聚集了许多广州的大百货商场。如果想逛街，在那里可以享受一条龙服务。广州大百货商场的格局也跟深圳不太一样，并且有开放的空中花园，在这里吃饭真的是一种享受。

　　我们也吃了广式甜品，虽在深圳也有早茶店，但大多都是大酒店里才有提供。在广州，许多正宗的传统广式早茶从街边兴起，慢慢才做到大酒店。像广州酒家、陶陶居、美心翠园，这些都是品尝广式茶点的好去处。我们去了天河区太古汇对面的美心翠园餐厅，点了一整只鸭，鸭皮做成片皮鸭，炸得脆脆的，还带着一层肥鸭肉，摆成一朵花的形状，油亮亮的。拿一块面皮卷着鸭肉、大葱、黄瓜，再放一点酱，大多可以两口吃完。加上面皮、黄瓜和大葱，即使是油油的肥肉也完全不腻。而且鸭皮很百搭，我尝试跟其他菜一起吃也很好吃，完全不会被盖住味道。鸭肉有很多种处理方法，但是很多人会选择原味而不是孜然辣椒，用他们的话说只有这样做才能保留食物的原汁原味。广东菜以清淡为主，我妈妈就喜欢直接水过一遍就吃，这样也是保留食物味道的做法。我们家如果是外婆做饭每天都会煲汤，而且汤一定放很多种材料，甚至是药材，有时候也会用自己酿的酒煲汤。每种汤需要的时间也不一样，但大多都会煲很久，这样出锅之后食物的营养就全部都在汤里了。

相对来说，广州老一辈的人还是更喜欢走街串巷。我在荔湾区住了一段时间，荔湾区有上下九和北京路两条很热闹的步行街。吃的也自然不会少，从小巷子进去，还能找到开了几十年的双皮奶店。这里的人们喜欢清晨在马路边的小铺子里吃一碗云吞，点几小笼点心，听着自行车的铃声、公交车的喇叭声过完早晨。在这里，抬头便看见电线缠着杆子，天空也广阔许多。

我从食物中尝到广州的味道。

是否还要再次选择封闭

高二（12）班　华舒媛

带着了解中华优秀传统文化的热情，我决定到广东海上丝绸之路博物馆去看一看，了解一些关于"南海I号"和丝绸之路的历史。经过几个小时的颠簸，我来到了博物馆内。刚走入时，便觉得有一些不一样的气息，仿佛嗅到了"南海I号"的味道。

这个展馆分几部分介绍了"南海I号"。首先，通过现场的展品和解说牌介绍了当时的贸易制度。明代的贸易从传统的市舶司贸易转变为海关贸易，这也代表着朝贡贸易的崩溃，与当时的政治制度息息相关。因为明前期统治集团把朝贡贸易纳入强国手段中，致使海贸制度带有浓厚的政治色彩。而且当地又与闽粤两地贸易频繁，刺激了当地的经济发展。其次，展厅还介绍了"南海I号"沉船的原因和打捞上来的经过，还有它的价值和意义，但对于它是如何下沉的还有许多未解之谜。后来，考古发现"南海I号"里有许多文物，具有非常大的历史价值，比如瓷器、金器、铁器和其他生活用品、贸易需要的货币，还有关于船体构造的介绍。通过这些也可以知道当时制造业的发达程度和贸易是多么的繁华，这些文物也是先人智慧凝结而成的结晶，对现在考古发现依旧有巨大的研究价值。结合历史知识，我们知道明代实行海禁政策，将国门紧紧掩住，仅透出一丝丝缝隙，致使与外国的贸易和交流越来越少，也逐步与时代

下篇　学生作品

的潮流脱轨。导致这种情况的原因之一便是当时的统治者太自以为是了，觉得国家已经足够强盛了，不需要再与别国来往，然后便得意地关上门，不许别人来访。最后，展厅还展出了古今丝绸之路的路线图，包括陆上与海上的路线图。

"南海I号"作为中国海上丝绸之路的见证者，极大地丰富了我国的海洋文明，说明对外开放、主动与别国交流是多么重要的举措，这些繁华的文明也是取决于当时开放的政策，就像深圳1980年被设为经济特区，让深圳处于东南临海的位置发挥了巨大的优势，与港澳相互联系，并且积极吸收和学习优秀的经验，经过几十年的努力，才有深圳如今"一夜崛起之城"的美誉。经济特区的设立也让现在粤港澳地区的联系愈加密切，深圳特别注重科技实力的培养、企业之间的协作和把握市场发展的时机，让各产业的特点发挥到极致，实行各城市间的合理分工，注重便民的政策，比如证件一体化，给人们提供更多的就业机会和社会保障，让粤港澳地区的人民生活的更加美好。

在这么美好的前景下，中国敞开大门欢迎各国朋友的到来，积极加强对外联系和贸易，发挥"一带一路"的作用，深化粤港澳的合作。

西塘游记
高二（13）班　姜振华

"江南好，风景旧曾谙，日出江花红胜火，春来江水绿如蓝。能不忆江南？"这首白居易的《忆江南》，让我对江南的美景充满向往。而现在，我终于有机会随风走到江南的水乡——西塘，那里的小桥、流水、人家，让我流连忘返。

西塘跟乌镇一样，都有穿过小镇的狭窄河道，有依水而建的民居，乌篷船在小河上面游荡，人们在河道边清洗……一切看起来是那样的安逸。转几个弯，眼前就会出现一座座桥：送子来凤桥、环秀桥、永安桥……站在石桥上，可以看到船夫摇着桨荡漾在碧水中，水面荡起一阵阵涟漪，是那样的安逸。

西塘的巷子都是有些斑驳的灰色墙，因为都是明清的建筑，更显得古色古香。踩着石板路，沿着古老的西街，就到了"烟雨长廊"。这是西塘最繁华的地方，沿着水道形成，是古镇中一道独特的风景线。街道两边都是商铺，多数为客栈或者小吃店，挤满了熙熙攘攘的人群。我品尝的小吃数不胜数，每一件都如艺术品般，在我的脑海中挥之不去。

西塘有许多私家住宅，高墙独院的西园应该算是大户人家，门槛都有半人高。不知道这显示身份的门槛迎来多少达官贵人，又曾阻挡多少平民百姓，只是如今安静地坚守自己的土地。

夜晚的西塘好美。随着夜幕降临，两岸的红灯笼亮了，戏台上也唱起了越剧。拿好船票，我们一家人摇摇晃晃地上了船。船家点亮船尾的红灯笼，松开船头的岸绳，小船像浮在水面上的落叶一样，轻轻地旋转在水面上。船家摇起船桨驶向湖心，两岸的房舍渐渐远去，月光、红灯笼、房舍都倒影在水中，我们坐在船上一片惬意。

古色古香的西塘，在历史长河的流逝中依然坚定地屹立。

汕头行

高二（13）班　吴曼娜

这个暑假，我和家人回了一趟汕头。虽然我在那里出生，但对它的了解并不多，所以趁这次机会，我好好地领略了它的与众不同。

汕头是一个沿海城市，是最早开放的经济特区之一。但是很多人都不知道，汕头也有一片老城，主要建筑是民国时期的骑楼，这片区域的建筑风格可以说是汕头发展史的一个缩影。这里的骑楼多以三、四层为主，但现在大多已经破旧不堪，需要政府保护起来。站在这里的马路上，真的会被带入历史的回忆里。行走在富有年代感的街道上，风吹得让人很是舒服。骑楼下还保有少量的餐饮店，一大早，街道飘着当地特别畅销的早点味，汤粉、肠粉、各色材料煮的豆浆。我们一行人简单吃了一点，便匆匆赶往下一个目的地。

我们来到了石炮台公园，这里以崎碌炮台为主景点建筑进行建设，主体部分就是炮台，圆环形城堡建筑，是清代重要的军事防御建设。炮台主体部分外围是一条河流，有点像护城河，也称护台河，要经过一座小小的桥才能到石墙边。大门、炮巷均采用花岗岩石块砌筑，因而俗称"石炮台"。主体建筑炮台的参观时间有限制，下午五点前可以进入参观，晚上是不开放的。

恰逢我们回来的那天是这里的一个重大节日，大街上卖的东西各种各样，不同形状的纸钱、不同种类的糕点、五颜六色的水果，等等。因为长期居住在深圳，我们也很久没有吃过这些特色的糕点了，有土豆做的土豆糕、萝卜做成的萝卜糕点、不同模具印出来的包着不同馅的红桃粿……最让我怀念的莫过于油粿了，是用番薯和糯米粉做成的外皮，馅一般有芋泥的、花生的，还有最抢手的包菜混合鸡蛋丝和肉饼条。每一个油粿经过油炸都会变得胖乎乎，有巴掌那么大，一个就足以果腹了。

匆匆结束的旅程，一切都让人不舍，下次有机会再来细细品味这不一样的历史。

长沙游记

高二（13）班　杨周卓

长沙，古称潭州，别名星城，是湖南省省会，也是长江中游地区重要的中心城市。

这里有岳麓山—橘子洲头国家AAAAA级景区，包含岳麓山、橘子洲、岳麓书院、新民学会旧址。

这次，我主要参观的是岳麓山风景名胜区。

我首先到了岳麓山的湖南博物馆。这里有战国时期著名的御龙帛画，最吸引人眼球的是它面部的线条精微而细腻，服饰的线条则流畅舒展，恰到好处地表现了长袍的质感和飘逸的状态，被称为中国早期肖像画的杰出代表。人们将其与"人物龙凤帛画"并称为先秦绘画艺术的双壁。

在这里，我遇到了一个小讲解员。从她口中得知，长沙过汉族所有的节日，其中有一些带有地方特色，有一些则带有许多特有的民俗，其中以陶公庙庙会为赶集的一大特色。

农历三月三日，长沙人都有菜煮鸡蛋的习俗。惊蛰时，农家于阴暗处点灯，用石灰撒房屋四周及潮湿暗角，小孩子点燃一个个爆竹，丢向屋角墙下，边丢边喊："惊蛰惊蛰，炸得虫蚁笔直。"立夏时，有吃立夏糠之习。

当晚，我还在一家茶楼里听了一出《刘海砍樵》。风靡海外的长沙花鼓戏是长沙地区流传最广的一个剧种，唱遍大江南北。这曲名剧脍炙人口的"比古调"唱段，深受人们喜爱。

有句老话说得好："人是铁，饭是钢，一顿不吃饿得慌。"长沙真的是吃货的天堂，但首先得不怕辣、不怕腻。好吃的东西太多，但是吃多了也容易上火。

长沙主要以湘菜为主，其历史源远流长。早在战国时期，伟大的爱国诗人屈原就在其著名的诗篇《招魂》中记载了湖南的许多菜肴。西汉时期，湖南的菜肴品种就达109种，烹调的方法也有九大类。明清时期是湘菜发展的黄金时期，独特的风格基本定型。

到了长沙的第一件事，一定要尝尝当地的长沙粉。跟广州的粉有所不同，因为长沙粉全靠配料来撑场，却不腻人。

糖油粑粑是长沙的传统名吃，主要原料是糯米粉和糖，其制作工艺精细讲究，有着特殊的制作过程。虽不能与山珍海味相媲美，但受到了当地民众的喜爱。糖油粑粑通体金黄、脆嫩，甜而不浓，油而不腻，软软的。刚出锅的糖油粑粑出奇的烫嘴，所以吃糖油粑粑时不能心急，细嚼慢咽，把香味儿、甜味儿全部吞进肚子里。

不得不说，长沙，不虚此行！

厦门之旅

高二（16）班　陈语婧

本次暑假我去了厦门，这个隶属福建省的地区位于福建省东南端。厦门市简称"鹭岛"或者"厦港"，在明朝时期也被称为"嘉禾屿"。不得不承认，厦门对历史文化的保护和传承做得很好，许多带有历史性的城市面孔都被保留了下来。

就如厦门必去的中山街，这是游客必去的一个景点，而我当然也不会错过。中山街最富有历史意义的应该就属骑楼建筑了，一整条街上全是六七十年代留下来后又进行翻新的骑楼建筑。可惜的是街道过于商业化，已经很难看得出楼房的传统风格了，但还是能对厦门古老的建筑有所了解。

还有一个地方是我个人的推荐。俗话说得好，要想了解一个地方的风俗人情，首先要先贴近当地人的生活，最贴近当地人生活的就是市场了。我推荐的地方叫作八市，是厦门的一个海鲜市场，这里有着厦门最具有历史性的食物和一个收藏着厦门历史物件的地方。

走进八市，有一家叫钟丽君满煎糕的糕点店，据说是全厦门最好吃、最有名、最悠久的一家满煎糕店，店主坚持用最好的食材，这一坚持就是几十年，可谓是匠人精神。而满煎糕之所以是厦门人的日常食物，离不开它的背景。相传咸丰五年（1855），太平军进入福建。左宗棠率清兵前往平判，为了让军队吃饱且不扰民，他决定将传统的咸味煎饼加以改良，将福建盛产的蔗糖和花生碾碎，撒在已发酵松软的煎饼上做成甜食煎糕，使士兵容易入口，且携带方便。于是这种煎糕便渐渐在福建尤其厦门一带流传开来，成为经济实惠、食用方便的街头小吃。

还有我个人喜欢的面线糊，这一小吃也在厦门有着悠久的历史。传说，乾隆下江南时来到一个叫罗甲村的小村庄。那时正闹饥荒，民不聊生，哪能做出什么美食来供给皇帝。幸运的是，乾隆做客某秀才家，而秀才的妻子也是相当机智，在墙角找到一些啃剩的猪骨头和鱼刺，洗干净后熬出一碗汤，又去柜子里扫出一把面线碎和一把木薯粉，和着做出一碗面线糊。乾隆从没享受过这等美味，吃后如沐春风，十分高兴，马上问这"龙须珍珠粥"是用什么做的。秀才的妻子急中生智：这是祖传秘方，用上等面线和秘制地瓜粉加工而成。乾隆龙颜大悦，重重赏赐了秀才一家，面线糊的故事也就这样传开了。

而八市中收藏着厦门古老物件的就是吉治百货了。这是一座四层的小洋楼，第一层是卖厦门传统馅饼的；第二层有厦门人家以前用过的瓷砖；第三层有电报机、有线电话；第四层有以前糕点铺手工制作馅饼的工具，也有旧时候用的刻章等，以及一些带有厦门历史的物件。所以，想要简单了解从前厦门人的生活，不妨去这里走一走。

美术类

锦 鲤

高二（20）班 冯乐萍

　　锦鲤总在中国人过春节时出现，它一股和气地象征着阖家团圆、红红火火、财源滚滚，是喜庆的代表，是中国重要传统元素之一。正所谓年年有鱼、年年团聚，中华民族正是这么一个团结友善的民族。

古代服饰

高二（20）班　洪璐瑶

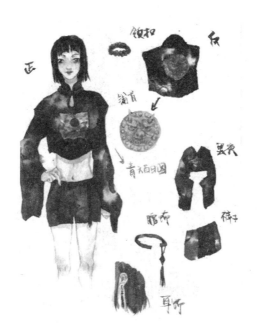

远山长暗，落霞似血。

　　整套服饰以暗红色为基调，正面胸口绣的是青天白月图，背后则是古代大户人家府门上安的铜铺首。铺首是立体的，以至于铜兽在背上不会过于单薄。颈部是用绳扣围紧的，短裤采用红黑拼接。

　　整套服饰将古代传统元素与现代服装款式相结合，希望更多的年轻人能够了解中国古代传统文化。

太极图

高二（20）班　胡心怡

　　所谓太极既是阐明宇宙从无极到太极，以至万物化生的过程，又指天地未开、混沌未分阴阳前的状态。其终极目的是希望人类活动顺应大道至德和自然规律，不为外物所拘，"无为而无不为"，最终达到一种无所不容、宁静和谐的精神领域。

　　毛笔是一种源于中国的传统书写工具，被列为中国的文房四宝之一，为促进中国与世界各国的文化交流作出了卓越的贡献，是中国为世界艺术宝库提供的一件珍宝，有着悠久的历史。

　　两者相结合，更体现了中华文化瑰宝精华之所在。

踏雪归

高二（20）班　李可慧

151

道教是真正由中国本土产生的思想文化。《踏雪归》的设计灵感来源于道姑的形象特点。"云深不知处，步踏雪花归"，代表了人们对尘世喧嚣的厌烦，对修身养性的向往。天地阴阳、奇门遁甲，道教的奥妙仍未完全挖掘，我们应该弘扬中华优秀传统文化，为自己的文化而自豪。

宫廷朝服

高二（20）班　李思莹

　　乾隆盛世的令贵妃身着宫廷朝服，口中的梅花象征着坚贞不屈的傲气。背景的回形纹和卷云纹皆出自中国传统八大吉祥图案，表达了源远流长、生生不息的中华优秀传统文化精髓。

荷丛锦鲤

高二（20）班　吴文馨

　　一条背部嫣红的锦鲤贴在碟的下边，游出碧绿的荷丛。背部的红色层层渐白，如彩纱一样包裹着池中的仙子，在荷丛中游戏。中国自古就有"鱼跃龙门"的传说，所以碟的中央是著名的卷云纹，被喻为升天的龙门，鱼绕碟盘旋而上，直入云霄。碟外除了荷叶和锦鲤，只剩下一圈古色古香的回形纹，丰富而不显华丽。

中国地图

高二（20）班　谢佳均

　　壮丽的中国地图上画着富有中国特色的各式传统文化代表物，体现了中华五千年的传承与发展，每一件物品都代表着中国魂。

口 红

高二（20）班　叶美仪

　　自古以来，仙鹤便是华夏儿女幸福生活的美好寄托。将仙鹤这一传统元素与现代女性所喜爱的口红相结合，顺应时代潮流的同时，又将优秀传统文化的传承和发展结合起来。

毕 方

高二（19）班　麦贝怡

　　毕方在中国古代神话传说中是大火之兆，其名字有可能来自竹子和木头燃烧时发出的噼啪声响。毕方的外形像丹顶鹤，但是只有一条腿（一说为一只翅膀），身体为蓝色，有红色的斑点，喙为白色。本图是对神兽人物化的创作，头饰是羽毛，散开的头发像鸟的翅膀；人物身穿中国传统服装旗袍，颜色由蓝到红渐变；背景是熊熊烈火，象征着涅槃重生；远方是山川、大地和红日，突出人物与自然的联系。

惜字炉——惜字的功德

高一（12）班　陈鑫

惜字炉，又名为惜字亭、敬字亭、孔圣亭。顾名思义，惜字炉的关键在于"惜字"二字。

在古代，读书识字并不像现在这般容易，尤其是在少数民族地区。所以，人们对写有文字的纸张都怀以敬畏，不可随意丢弃，必须将其焚化，送达"天界"。这就是惜字炉被修建的意义：劝说人们尊重文字、尊重知识。

在我的家乡——湖南省城步苗族自治县中，就保存着我国最完好以及最具历史、文化、教育、艺术和民族价值的惜字炉。

这座惜字炉坐落于易家田村巫水河西岸，坐北朝南，炉边河水潺潺，风景宜人。全炉呈六角六面形，为三层塔式结构，分为底层、炉座、炉身、云盖和炉顶五大部分。其中，在炉顶上还放置有三个宝葫芦。三层高度分别为1.2米、1.05米、0.88米，宽度分别为0.7米、0.6米、0.5米，全炉高达6米。炉身均为青石所制，石板上的点点凹痕与绿油青苔见证了一代又一代的苗家历史。用于焚字的炉口位于第一层，穹形门洞上方雕饰了扇形门额，并于其内精雕有"惜字炉"三字。在炉口两边还雕有对联"斯文宜未坠，道器自常存"；其右为建筑年月："建于大清道光贰拾叁年岁次癸卯太簇月毂旦日立。"其左有出资人与石匠的名讳："信士陈进谦、陈进诗同置，石匠罗安富兄弟造。"全文行书，行云流水。

明洪武年间，陈汉彪公三兄弟自江西迁至湖南，是为城步苗族祖先。虽后世为世居苗族，但也接触了儒学。直到清道光年间，陈进谦等决定修建惜字炉，以尊重知识、崇拜文字，启迪同胞心灵，提高同胞的知识水平。据村中老

人回忆，当时的学生在学习过程中，老师给的写有生字的纸条都须放于书房，待到学期末一并焚烧，纸条遗失者还将受到处罚。

遗憾的是，在1949年的大水中，位于巫水河东岸的木质惜字炉被冲击至垮，只有西岸的石质惜字炉幸免于难。现在，这座惜字炉已被定为物质保护遗产。

值得一提的是，据家谱记载，自惜字炉修建后，陈氏一族共出秀才九人、进士一人。我想，这可能就是上天对惜字功德的回报吧！

惜字炉炉口两边还雕有对联
"斯文宜未坠，道器自常存"

惜字炉全貌

浅谈客家迁徙

高一（11）班　邓伟莉

在闽粤赣边界生活着这样一群人：他们操着外人听不懂的方言，却不在五十六个民族的名单中；他们吸收了海洋文化不断向海外扩展的精神，却有着非同寻常的自我意识和价值观；他们偏居中国历史文化的一角，却自信地称自己为汉族传人。这样一个顽强、神奇的大族群，他们的迁徙也如同这个群族本身一般神奇，让人不自觉地沉浸其中。

一、客家之起

客家人是自秦朝至今在南方地区居住了两千多年的一个重要群体，他们起源于中原汉族，是中国南方汉族中非常独特的一支。顾名思义，客家即为"客而为家"。因为种种历史原因，他们是历史上多次大迁徙的见证者及经历者，远离自己曾经熟悉的故土而定居，才被称为"客家人"。

二、第一大迁徙

西晋永康元年，因中原地区发生了"八王之乱"，继而又爆发了人民反抗的斗争，大大动摇了西晋王朝的统治。趁着政局不稳、社会动乱，北方许多少数民族乘虚而入，各自据地为王，相互攻战不休，导致中原地区陷入一个极为混乱的动荡局面。之后西晋王朝覆灭，中原成了各少数民族的天下，到处收掳汉人做奴隶。不堪奴役的汉人大举南迁，抵达今天梅州的大埔，这股潮流此起彼伏，持续了170多年，迁徙人口达一二百万之众。

三、"新移民换下旧移民"的迁徙

"安史之乱"之后，唐朝由盛转衰，局势再度动荡不安，官府敲诈剥削，民不聊生，许多城乡烟火断绝，一片萧条。混乱导致人们恐慌，以致南下的中原汉人挤压了客家先民的生存空间，再加上黄巢起义席卷长江中下游，客家先民不得已再度踏上南迁的旅途。

四、客家民系形成中的大迁徙

1126年，靖康之难后，金人入主中原，抢占民田，推行奴隶制，处于黄河流域的汉人为了躲避战乱，又一次渡江南迁。

以上只是客家人迁徙历程中的一小部分。流动迁徙了上千年的客家人，终于有了安定下来的时候，不用因为战火硝烟而提心吊胆。顽强的他们继承了古文化，在自己的土地上慢慢书写中华优秀传统文化的新篇章。

福永·怀德·清明寻根

高一（19）班　潘锡鑫

　　岁月的积淀使得酒精四溢，也使得历史芳香醇厚。时间的长河在不停地流淌，历史也在不停地发展，让我们一起拨开那历史的迷雾，回顾历史吧！

　　中国是有着五千年璀璨文化的文明古国，在一代又一代人或荣或辱的历史中，积淀出淳朴敦厚的文化底蕴。以诗礼传家更是优秀文化传统的一种传承形式，自然也成为宋代自中原迁徙至怀德开村立户的潘氏族人的文化传统。

　　怀德，我的老家。潘氏族人自宋元时期迁至怀德开村立户以来，文人学士之风不但没有遗失，反而日渐浓厚起来，祖辈中各领风骚的文人不断。像盘涧公潘轸，留存诗稿甚多，为福永至今留存诗稿最多的一位才子。又如川志翁潘无抢、潘睦堂、潘峨亭公、潘存亦等，均有诗篇存世，成为潘氏族人的一笔精神财富。

　　怀德的历史文化最远可追溯到战国时期。1984年，深圳市文物普查队在怀德所属尖岗山发现了战国时代的印级陶片。

　　怀德的诗、赋、文类文学作品众多，据目前收集到的有关历史资料显示，怀德清代以前的文人才子留存至今的文章诗稿较为丰富，有20多篇，其他如族谱世系、人物传记、墓志铭、祭文类文章更为繁多，这些构成了怀德古文化灿烂的一页。

　　宋代大学士潘全，其子孙后代为保家卫国屡立战功。潘全是潘从源长子，于南宋淳祐四年春中状元，官任广东观察御史升秘书阁学士。潘全生有九子，第八子潘毅又称潘八郎，是南宋皇室护卫，南宋覆灭的崖门海战随宋帝昺跳海身亡。潘全之孙潘任随文天祥义兵勤王抗元，后官至兵部尚书，是南宋最后一任兵部尚书。文天祥赞曰："锦心绣口，其李太乎！袍染柳汁，其李固言乎！"潘全及其子孙为了保家卫国勇于参战、英勇不屈、舍己为国、热爱国家的精神值得我们学习。作为他们的后代，我倍感自豪，更应该把祖先的这种精神传承下来。

"怀德潘氏，来自河南荥阳，姓氏出自西周姬氏皇族，是自中原迁徙至岭南的一支。由于祖祖辈辈施教有方，历来人才辈出、俊杰不绝，如潘国财、潘国佳、潘容勇、潘聪、潘国华、潘仲鉴、潘轸、潘甲弟等。"

这就是我的祖先们！这就是我值得学习、值得骄傲的偶像们！作为后人的我，不仅仅要以他们为荣，而且还要将他们那种热爱祖国、乐于奉献的精神传承下去。潘氏历来人才辈出，我也绝不能给祖先们拖后腿，应该好好学习，努力以祖先们为榜样，将怀德的历史文化发扬光大。

怀德村和怀德祠堂

云石岁月

高一（13）班　蔡子杰

我的故乡有八景，云石岩为其一。

云石岩就在我故乡的山上，海拔163米，树林遍布，泉水长流。岩下石阶

下
篇
学生作品

铺至山下共470级，古称"云石樵径"。如今上山有两条路，而小时候此路为上山的必经之路。潺潺的山泉从山上流下来，清凉无比，甘甜可口，无一点污染。多年前，我曾在山中以此泉洗面防蚊虫的叮咬。这泉可直饮，印证了树林可清洁水流的道理。

幽静小径

嘉庆年间，举人杨北斗专程到云石岩游玩，写下七言绝句："曲径幽深别有天，樵歌暖倡云岩边。白云满地无人扫，坐待山僧烹碧泉。"

康熙进士、翰林林景拔初春南巡登云石岩写道："峦廻岫倚一重重，萝蹬风清散客踪。岩树经春都作态，洞花迎笑者为容。卧云石透流泉冷，席地茵辅碧草浓。吾意欲凌霄汉上，数声孤鹤出前锋。"

名家题字

山路上绿树成荫，树叶之间时不时有一张蜘蛛网，地上有时遍布枫叶与橄榄。云石寺中有一个放生池，历史悠久，至今还有许多乌龟存活其中。

巨石遍布

寺中有一洞，通往十几公里外的一座山，据说以前红军用来藏兵和运兵。山中巨石遍布，可以从大点的石头缝隙中进入洞中。洞中清凉无比，因有时藏着蛇，所以没什么人敢进。洞中亦宽大无比，有进得去、出不来的说法。其中有一个妇孺皆知的洞口，旁边有一口老井，传说有百年之久，但早在十年前就用铁门保护起来，游客只可远观。

山间有一条上山必经的小路，两边有巨石，通常上下只能有一人通过。石壁上长着一棵年代悠久的榕树，树根深入石块，想必它大概见过红军吧！再往上走，映入眼帘的是佛堂，来这里烧香求子的人很多。再往上就是巨石小路了，那些巨石把云石岩的秘密通道堵住，好像有人故意为之。通往山顶的路没铺石阶，是以前拾柴人走出来的，是个易守难攻的地方，但是如今因为下大雨而坍塌掉了。

这是一个百年古迹，也是一个让人引以为傲的地方。

根

高一（13）班　姜振华

我是深圳本地人，是固戍的村民。固戍社区位于西乡街道西北部，辖区面积10.3平方公里，社区居委会设在固戍一路890号。

固戍社区前身为固戍村，始建于元末明初，已有600多年历史。村民以姜姓居多，也有黄、陈、蔡、郭、林、张等姓。改革开放前，这里以农渔业为主，是鱼米之乡。随着特区的成立，这里渐变成以工业、服务业和房地产为主，从农村转变成一个现代化的都市社区。

固戍本土文化活动丰富多彩，扒龙船、舞狮、武术历史久远，其中舞狮、武术流传至今。20世纪六七十年代，众多固戍人向香港武术大师黄胜仔学习武术、舞狮，随后便有了如今的姜氏金龙醒狮团。

固戍社区也有不少古迹。铁仔山的古墓群是西乡墓葬的典型代表，其中包括汉墓、西晋墓、东晋墓、南朝墓葬群等；文昌阁位于滨海处，为深圳市第二批重点文物保护单位；姜氏大祠堂始建于数百年前，2000年重建；广府式祠堂建筑整体布局严谨，做工精细，壁画色彩艳丽、内容丰富。

固戍码头

固戍码头在清末最为繁华，当时有"小金山"之称。码头上的"财记鱼

下篇　学生作品

栏"曾有50多艘渔船，每天来往于香港、澳门与码头之间。码头旧址是深圳唯一保存较为完整的旧址之一，对研究清末到新中国成立前沿海商业贸易、海上丝绸之路及经济发展史有较高的地位。

固成革命烈士纪念碑又称革命烈士不朽碑，位于固成社区后东北侧，原为烈士两广纵队高班长和梁锦余同志之墓，1999年修为纪念碑。

抗战期间，固成大批青年男女不惜牺牲生命，谱写了一曲曲动人的英勇诗篇。姜树明参加东江纵队，1945年在东莞肖边战争中牺牲；姜启明参加护乡团，1949年在"东莞县"茶亭与跟踪之敌激战，为掩护队友而亡；姜群娣参加"宝安县"宣传队，1950年在西乡甲岸村被特务谋害。

做人不能忘记根本，无论何处何时，心中有根，才能迎接未来。

六门百忍

高一（14）班　张锦荣

"游国美棋仕，光宗尚志全，存仁立大本，学理正家传。"这是我在贴吧上收集资料时看到的属于张氏六门百忍堂的一条字辈，对一下地点，真是无巧不成书，我竟找到了我的根脉。

百忍，我止不住对这个词琢磨起来。经查阅，唐代时郓州有一位老者曰张公益，九代同居，竟和和睦睦，相安无事。唐高宗甚是好奇，问其故。张公取了一张纸，写下了一百个忍字。唐高宗对此十分赞赏，便赐号"百忍堂"。从此，此地张姓大都以"百忍"作为堂号，并且列为祖训，后人便将其流传至今。

百忍堂

去年，我有幸翻阅了宗谱并了解到一些宗族的精神。最令我吃惊的是，在宗谱中我竟然看到了张良、张子房和张九龄等历史名人，也了解到张氏的起源。张姓始祖挥，号天禄，为黄帝之长子少昊的第五个儿子。张出自姬姓，黄帝战蚩尤时，挥发明的弓箭发挥了巨大的作用，故被赐姓张。

张氏根源可追溯到河北清阳、河南濮阳、山西洪洞，挥公之墓就坐落在河南濮阳。且张姓分布极其广泛，如在上海，张姓人数排在第一位。自古张姓名人众多，如纵横家张仪、军事家张子房、猛将张飞、科圣张衡、医圣张仲景、外交家张骞、书法家张旭、名相张九龄、画家张择端、民族英雄张自忠、革命家张天闻等。

历史的长河中总是充斥着变幻，有些张氏的由来却是因为别的原因。三国时，魏将张辽本姓聂，为避怨而改姓张。也有出自赐姓的，云南南蛮酋长龙佑那，被汉丞相诸葛亮征西南时收服并赐姓张，子孙便以此为姓。还有源于古奚族的。张忠志，奚族人，善骑射，被范阳太守张锁收为义子，遂从义父姓张。最后一种是由其他少数民族改姓而来。众所周知，民族大融合使胡汉双方加紧了联系，大部分胡族人都改为汉姓，例如乌桓、女真、羯、鲜卑、匈奴、契丹等。

张姓氏族最开始活跃在河南、河北一带，春秋战国时活动于山西、陕西、河北、河南、山东等地区。张姓在秦汉时期进入四川，带有明显的政治倾向加入反秦和楚汉之争，并将人口扩大至甘肃、宁夏等大片北方地区。汉末迁至江南地区，到达浙江、江西及福建；到魏晋南北朝时期，因为八王之乱、五胡乱华等战乱的发生，人口大量南迁。明朝永乐年间，张姓已由广东始入台湾地区。

中华姓氏与家族文化博大精深，透过这些我们可以了解历史的变迁、文化的深蕴，也让我们对自己多了一分了解。作为中华民族的继承人，我们有责任了解并传承下去。

阳澄湖的起源

高一（11）班　闻玉珊

我的家乡，是苏州的阳澄湖。

北宋年间《吴郡志》中记载，阳澄湖的形成极大的原因是海潮倒灌。当时它叫"阳城湖"，只是如今阳澄湖土地所在范围内的一片小湖泊。如今的阳澄湖在黄帝时期至北宋年间都是一片平原，有过"阳澄地区"之名。

阳澄湖

古时的阳澄地区，总体地势低洼，在其东、中、西部各有一条东北——西南走向的河流。这条河流南入娄江，或经娄江入吴淞江，水源充沛，地广人稀。

正是因为这些条件，水源丰富的阳澄地区在夏季暴雨频发的季节极易发生水灾。据苏州地方文献记载，历史上的苏州一直是水灾的多发区，而其中的阳澄地区是毫无疑问的"重灾区"。

唐朝后期有疏通水道之举，但河道众多，地表与暗流难以计数，根本疏通不完。五代时期有吴越治理三十六浦，浅沼成荡，三大主河道不时泛滥，土质在流水的作用下悄然改变。

至道二年（996），阳澄地区河道涨水的情况愈重，但若要彻底解决问题则耗资巨大，地方官员们相互推脱。拖到天禧、天圣年间，河道涨水问题已经无法忽视。天圣元年（1023），朝廷派人来解决，最终也只是疏通了一些辅河道，根本问题并未解决。

明道二年（1033），这一年的夏季连下暴雨，苏州大部分地区都被大水淹没，阳澄地区因本身的低洼地势加之常年的积水更加下陷。大水而下，以三河道为主的湖泊群在数夜间水位暴涨、外延，吞噬、淹没了苏州三万五千多亩土地，约占苏州土地面积的三分之二。

这场洪水十分可怕，阳澄地区几乎全部都淹在水里，十万多灾民流离失所。朝廷终于发现事情的严峻，将灾民与流民在阳澄地区附近简单地安置，他们不承认这片地区已然成了一片湖，只是选择等其自然风干。但十分可惜的是，接下来的几个月仍然是阴雨不断，甚至接下来的几年阳澄地区都没有大旱的迹象。而原本在阳澄地区被简单安顿下来的灾民、流民也逐渐稳定下来，重新建立起了自己的家园，一切事物仿佛又回到最初的起点。

万物不息，阳澄湖的形成就像是历史上万千轮回中的一个。一方水土的起源是一个美丽的"错误"，却拥有了后来延续至今的蓬勃发展。

浮生之世欲寻根

高一（12）班　陈劲良

"落叶归根"，这是常被人们挂在嘴边的一个词。当人们老了、累了，又或是在外面奔波了一生，总希望能有一个温暖的家在等着他。但虽然如此，我们真的了解"家"的一切吗？

人的一生是漫长的，但最令人无法忘怀的便是童年。孩子们常常会在家乡生长，就像一棵树苗一样，不停地生根，构成家族。而我的根，仿佛盘踞了整个地底"世界"，最远的"根"好像来自陈朝。在那遥远的过去，似乎有一批人到了这里，播下了种子，到了今天，早就不知道直系在哪里了，家乡这里主要有"陈""林"两大姓氏。关于族谱的传录，曾有人试想出资在这里建造一个完整的祠堂，将

陈氏宗祠

原先记录少的祠堂取而代之，但因为要统计的人数仅在世就是一个不小的数字，于是便被搁置了。虽然白纸黑字的族谱无法延续，但只要与这一血脉有关

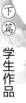

联的，在老一辈人们口中就有在战壕奋战的红军英雄、置身商业的香港富商。与我们临近的另一处地方，那里的"文"姓也是一颗闪耀的金星，"人生自古谁无死？留取丹心照汗青"便是他们祖先的名句。相传文天祥的后人在此处生活，他们身上流淌的，是荣耀的血脉。时间所能冲刷的唯有物质，这些在历史上闪闪发光的节点，只会越来越耀眼。古树的根是经过风吹雨打的，所以有时从一个家族的过去就能明白他们文化底蕴的深与浅。

我所在的家族似乎并没有自古传下的家书，但各家也有不同的家训。我们都被血脉的红线紧紧地系在一起，传承着独有的文化。血脉是一本无字的族谱，我们从出生就被写在了上面。无论是华夏古姓"黄"，又或是四大名姓、少姓，我们或许因为婚姻改变了姓氏，或许因为子承父姓而只了解一家历史，但血脉的传承是不会中断的。人总在进步，血脉的融合也总会向前发展。所以，我们的过去是无法衡量的财富，拥有历史才能拥有未来！

人的一生在不同人的眼中有不同的表现，在有些人眼中是"浮世"，在有些人的眼中或许又是"三千世界"。人的一生总有些空缺，唯独家族血亲不能成为空缺。唯有了解过去，知道什么是对、什么是错，才能闯出一片更加蔚蓝的天空。

客家魂
高一（11）班　余秋实

客家人的脚步从中原步步延伸、细细深润，滋养了南岭之地，沾上了东南沿海的水汽。客家文化躲过了成为厚厚典籍的噩梦，永远形象鲜活、精魂不散。

中国这么大，客家历史那么长，金碧辉煌的色彩层层涂抹够沉重了，涂几笔浅红淡绿，加几分俏皮洒脱，才有活气，才有活泼的客家文化。

几抹淡绿，指的是客家代代相传承的茶点——擂茶。"擂"为研磨之意，最早为三生茶，以生茶、生姜、生米研磨成糊状或粉状，加入盐，开水冲泡即可。春夏湿热，常用新鲜的艾叶、薄荷叶、紫苏叶等代替三生茶；冬季寒冷，便用桂皮、竹椒或肉桂子。先将茶叶和适量的油盐放入陶制的擂钵内，然后用左手肘或双腿夹住擂钵，右手或双手握擂持频频擂转、捣碎。当擂至细烂如泥时，就用一把竹制的捞瓢筛滤擂过的茶，直接冲入沸水。到那时，充满一股山野气息的茶点使人口内生津，胃口大开。

淡淡的绿汇聚了客家人的精神和对自然的敬仰，从不让人感到厌倦。

几笔浅红，指的是潮汕地区的特色小吃——红桃粄。原料简单朴实，以糯米粉加上粄红揉成面团，捏入已经磨好的花生粉末、萝卜干末，再用模块印上红桃印，蒸熟即可食用。嚼起来软软的，带有手工制作留下的质感和韵味。浅浅的红揉入客家人纤纤素手的柔情，传递着客家文明的温暖。

这几抹浅红淡绿，一直冒着暖人的热气，渗透于每个客家人的血液里。

清明·感怀·寻根

高一（11）班　石皓

翻开厚重的族谱，听一声父辈的呼唤，看一眼亲人的墓地。"我是谁""我从哪来"这种问题仿佛躲藏在厚重的云雾中，等待我去探寻。

历史上，百姓的迁移大多是以家族或宗族为单位的，而我的祖先却一反常例。明朝时，我祖先因不堪少数民族的袭扰，从北方迁到了长江流域的武汉一带。也许随祖先迁移的还有别人，也许是祖先跟从了别人，但到达武汉山区的，却的的确确只有祖先一人。

祖先凭一双勤劳的双手，很快在这大山环绕的地方定居下来，并和当地人繁衍了后代。慢慢地，一个庞大的家族形成了。为了表达尊敬，后世几百户人家在自家厅前都会立一个"明太公"的牌位，每到年关和清明都会上香祭拜。

作为第十八代的祖辈根据当时的资料和口耳相传的记忆修订了族谱，每户一本。从"明太公"往下数，我已是第二十代了。厚厚的族谱被老一辈的人视为珍宝，锁在柜子里，只有后辈诞下儿孙或是迎娶了新娘才会捧出来，小心翼翼地添上几笔。

听父亲说，每至清明，家乡的人都会带上一家老小去山上为亲人扫墓，以此来修整在过去一年被风吹雨打的墓地，并表达对亲人的思念。

根据父辈的回忆，家里老一辈没有留下明确的家训家规。但爷爷告诉父亲最多的莫过于"宽厚"和"勤劳"二词了，爷爷正是靠着勤劳和宽厚养育了父亲兄妹七人。千百年来，石家也正是靠着宽厚和勤劳在天地间开辟了一片适合发展的沃土。

寻根为的是思念旧祖，更为了砥砺前行。作为新时代的我，更应勤劳和宽厚。

感怀——谈平海古城

高一（12）班　曾宇涛

纵观中华上下五千年，繁华的长安、璀璨夺目的杭州，有名的都市比比皆是。我的家乡不属于这些耳熟能详的大都市，但却在历史的长河中留下了自己的印迹。

它是划破时空限制的长虹。

平海古城位于惠州市的惠东县，建立于明洪武十八年，迄今已有六百多年的历史。六百年沧海桑田，但这座古城却较为完好地保留了下来。一砖一瓦、一草一木，经历了明清两朝的湮灭，见证着新中国的崛起。是的，它逃过了时光的摧残，以生机与安宁孕育着一代又一代人。

平海古城

它是捍卫祖国江山的防线。

平海古城地处惠东县最南端，西临东海，南朝南海，历来是海防军事重镇。元末明初，盗寇猖獗，民不聊生。洪武年间，明太祖派花都司到平海建造城池抵御外敌。"城周五百二十仗，高一丈二尺，雉堞八百七十一，城门四座。"不仅如此，明太祖另设平海巡检司署、平海营参将署、平海营中军守备署，还有平海仓，隶属县屯粮机构。清康熙至嘉庆年间，平海城前沿相继建有大星山炮台、盘沿港炮台、墩头港炮台、东缯头炮台和吉头炮台。城内是极为简陋的十字街，方便士兵支援。而我所住位置正处于十字街中心，总能感觉嘶吼的号角声在耳边响起。若是没有这道防线，近代殖民者会不会更早地踏上中国的领土呢？答案不言而喻。

它是历史文化遗留的代表。

平海古城里拥有七口古井，按八卦的方位以及日月星辰来标注。更为神奇的是，井里水质夏淡冬咸，七口古井的变化无一例外。由于地处沿海，这里历史上商贾云集，还有戍边军队，逐渐形成平海独特的语言——军声，这是全中国仅平海才拥有的语言。古城里寺庙遍布，不仅显得饱含历史气息，又多了一丝神秘，给古城蒙上一层面纱。平海古城涵盖了如此多的文化，实乃中国文化中的一枚瑰宝。

平海古城不仅是长虹、代表、防线，更是我的根。愿它在喧嚣中沉默以待、仰望星空、俯看今朝、琉璃木瓦、红旗飘飘！

彭氏家族来源

高一（15）班　彭玲

彭氏源于两个姓氏，一个是篯，一个是妘，这姓氏流传至今只能只言片语的记载，更多的渊源还待后人去发掘。书中简单的记载也是十分有趣的，至少我们能感受到祖辈们的历史渊源之深。

先是篯姓。据《通志·氏族略》和《姓氏寻源》记载，颛顼帝有玄孙陆终第三子姓篯名铿，受封于彭地，就是现今的江苏省徐州，历史上叫彭城。彭城是尧帝赐封的，因为彭祖的贡献，所以封为彭城。篯铿建立了大彭国，称为彭祖，其子孙以国为姓，称为彭氏。

彭氏四修族谱

后是妘姓，这个源头更是古老。帝喾时的火官祝融的后代中有八姓，其中一个姓氏就是彭姓。据《国姓》记载："祝融之后，八姓，己、董、彭、秃、女、斟、曹、芈，周灭之。"

至于彭氏民族的分布，并不仅限于汉族，据《姓氏考略》记载，胡族、西羌族、南蛮族，清朝时满族、蒙古族、回族、苗族、白族、瑶族、土家族、苦聪族、彝族、拉祜族等均有彭姓出现。

彭姓一族的名人可不少。战国有彭蒙，是当时齐国的隐士，又是田骈的师父，他的思想与庄子的思想"非说"相近。楚汉战争时期有彭越，带领将兵三万余归附于刘邦，攻占了梁地，屡次断了项羽的粮道，后被封为梁王，可谓战功累累。明代时期有进士名唤彭孙，才华横溢，与王士祯齐名，号称彭王。除此之外，还有北宋的特科状元彭路、南宋的诗词名家彭奕、清代杰出的外交官彭光誉等人，这些都是彭姓历史上的骄傲。多多了解家族的名人名事，自己也会感到十分自豪。

中华文明几千年以来，我们不断探寻祖辈的历史足迹。感叹着祖辈的功绩，学习着祖辈名人的精神，传承着千古文化，同时又将历史铭记在心。在感怀的同时，不忘向前走，继续为后世开创功绩，做一个好的榜样。

清明·寻根

高一（16）班　温炜宜

清明时节，在追溯过去、追思先辈的同时，也为了解本族渊源提供了最佳契机。

为了更好地了解本族的文化，我查阅了各种资料，询问长辈，寻找历史的遗迹。

温氏族谱

我得知，对于本姓——温氏，流传了几种说法。

一种是出自姬姓，以封地名为氏。周武王封他的儿子叔虞于唐，号唐叔虞，其后代子孙遂以封地名命姓，即温。

另一种是根据史书《唐书》记载，唐代康居国，国王姓温，后入中国自成姓。

对于宗族文化，我了解到如"精神风范""郡望名门""堂号堂联""字序辈字""传闻典故"等。以我的观点来理解，我认为"精神风范"体现在做人处事上，反映出温氏的美德。"郡望名门"代表古时是温氏名人较多的地方。"字序字辈"即每一代人中名字都占用一字。好比以我的姓名为例，我的堂兄弟姓名组成中都带有"炜"字，在姓名中有着明显的家族特色。"传闻典故"代表温氏流传的典故有着浓厚的家族色彩及意义。

温氏家族中也出现过许多大人物。我翻阅资料时看到这样一句话：唐代皇帝李世民说，大唐李家天下，全凭温家将相辅助。还有著名诗人温庭筠也出于温氏家族。文天祥也曾编辑过《温氏源流初修》。

通过长辈口述，我了解到家族主要源于紫金一带，也通过各项资料了解到有关这一带的温氏源流。

大概在明代，温氏中有一位叫温承礼的，从其他地方迁徙到紫金，便是这代温氏的始祖，即一世祖。

或许以上种种并不全面，但也足以让我更加了解自己的家族，更加热爱自己的家族。

清明承载着一种文化，借清明了解过去，感受宗族过去的恢宏之处，启发我对家族更为深厚的情感。

清明情怀

高一（19）班　马菱

"三分天注定，七分靠打拼，爱拼才会赢。"敢于闯荡、善于经商，以此为座右铭的潮汕人为此感到骄傲。我就是潮汕人。

潮汕人是历代从中原南下福建后迁入粤东地区的汉人后裔。他们起源于中原，后繁衍于潮汕，又成名于海外，多以潮汕话为母语。

潮汕人常以精明务实的经商本色令外人所熟知，除此之外，潮汕人最注重传统文化和习俗，每逢佳节和初一、十五，都要烧香祭拜去世的亲人。

潮汕更是一座历史悠久的文化名城，山川秀丽，人杰地灵，名胜古迹星罗棋布，素有"岭海名邦"之美誉。

历史文化悠久的潮汕刺绣瑰丽多彩、巧夺天工；陶瓷闻名遐迩，"白如玉，薄如纸"；潮汕小吃美味可口，尤其还以茶叶最为著名。

趁着清明时节，寻家乡之根，念潮汕情愫，文化的传承在我们这一代人仍然延续着。"三分天注定，七分靠打拼，爱拼才会赢"，同样以此为座右铭的我对此感到深深的骄傲。

清明忆清明

高一（20）班　卓彦琳

年欢未尽又清明，雨燕声咽柳失魂。寂静青山人陡涌，冥钱纸烛祭先陵。

清明节起源于古代帝王将相的"墓祭"之礼，后来由于民间的争相效仿、历代沿袭而成为中华民族共同的风俗。

清明既是一个节日也是一个节气，这可是独一无二的。在唐朝，无论士人还是平民，都将清明视为返本追宗的礼节，而诗人们的作品中也往往将祭拜与清明相提并论。

清明扫墓，谓之对祖先的"思时之敬"。明朝《帝京景物略》载："三月清明日，男女扫墓，担提尊榼，轿马后挂楮锭，粲粲然满道也。"其实，扫墓在先秦时期就有了，只是到了唐朝才开始盛行。现在，我们扫墓时已经开始用更环保的假花来替代焚香烧纸，用在树上系丝带的方法取代折柳枝。

清明时节，春回大地，自然界到处生机勃勃，正是踏青的好时光。所谓踏青，其实也就是春游：一家老小，在小草青青的田埂上漫步，嗅着春雨后草木萌发的清香，随意地唠些家长里短，两代人之间的联系也在这一字一句间悄悄地加深了。

我的老家在福建的一个小县城里。听家里的长辈说，很久以前，我们家族原本居住在中原，只是后来因为中原战乱频繁才迁到了福建，并在福州定居，直到现在。每逢清明，外婆都会带着我们去山间寻找可吃的野菜，外婆将这个过程称为"煮菜曬"。而家中的大人也会在清明时为我们糊一些彩色的小旗子，或是带我们去郊外放风筝。郊外放风筝的人很多，不同颜色的风筝为天空染上了几分别样的色彩。这其中也有一个有趣的传说呢！相传，把风筝放上天后再将线剪断，任凭清风将它们吹往各地，飞走的风筝能为人们除病消灾，并给自己带来好运。

清明时的各种传统活动数不胜数，但主要还是为了祭奠死去的亲人和加强父母与孩子之间的情感联系。因此，这个节日中既有祭奠先人的悲伤泪，又有踏青游玩的欢笑声。可以说，清明是一个非常有纪念意义，同时也富有特色的节日。

关注历史核心素养　弘扬优秀传统文化

——蔡景贤教育科研专家工作室简介

　　蔡景贤教育科研专家工作室成立于2017年，是我校首个教育科研专家工作室，其成员主要来自西乡中学和宝安区其他学校的骨干教师。

　　工作室主持人蔡景贤为西乡中学主要负责人，擅长中学历史学科教育科研和学校德育工作、优秀传统文化教育等研究。曾经编写了《中华立德基础读本》，于2014年由中华书局出版，引起社会各界对优秀传统文化教育的重视；撰写《全方位立德，立体化育人》《国学教育的"画"与"化"》《以国学为抓手，弘扬优秀传统文化》《宝安优秀传统文化进校园经验向全国推广》等多篇论文；承担《深圳宝安"三生教育"系列报道之优秀传统文化（国学）》教育专刊的主编；主持省级课题《区域中小学德育特色构建研究》，并于2016年3月顺利结题，该成果在宝安区公办学校推广应用，效果良好。2017年10月10日，工作室申请的深圳市教育科学2017年度规划课题《中学历史教学中加强中华优秀传统文化教育的实践研究》立项。

　　西乡中学在蔡景贤教育科研专家工作室的带领下，发挥教育科研的推动力量，关注新课程改革与历史核心素养，关注中华优秀传统文化的弘扬，关注学生的健康成长。通过开展一系列的教育科研活动，打造西乡中学教师与学生发展的共同体，在推进宝安区的教育教学改革和提升教育科研质量中发挥了重要的作用。

177